캐디학 개론

캐디학 개론

초판 인쇄 2021년 4월 13일
초판 발행 2021년 4월 15일

발행인 김종상
책임편집 김종태

편집/표지 최주현
지은이 김대중
발행처 ㈜조세금융신문

출판등록 제2018-000021호
주소 서울시 강서구 마곡중앙로 161-8(마곡동) 두산더랜드파크 B동 8층
전화 02)783-3636 | 팩스 02)3775-4461
홈페이지 www.tfmedia.co.kr

ISBN 979-11-970119-7-9(13690)
가격 30,000원

이 책의 어느 부분도 저작권자나 발행인의 승인 없이 무단 복제하여 이용할 수 없습니다.

캐디학 개론

저자 | 김대중

GOLF &

Con-

들어가면서　06

Part 1 캐디의 역사

- SECTION 1　캐디는 언제부터 있었나?　16
- SECTION 2　역사적으로 캐디의 역할은 어떻게 바뀌었나?　25
- SECTION 3　최초의 캐디는 누구일까?　54
- SECTION 4　가장 유명한 캐디는 누구일까?　61

Part 2 캐디가 하는 일

- SECTION 5　캐디는 무슨 일을 할까?　78
- SECTION 6　그래서 얼마나 벌까?　94
- SECTION 7　R&A 골프 룰로 본 캐디　103
- SECTION 8　캐디가 반드시 알아야만 하는 골프 룰　113

캐디가 되는 방법

SECTION 9 골프장에서 캐디가 정말 필요한 이유　**140**
SECTION 10 왜 캐디가 부족할까?　**150**
SECTION 11 캐디에도 종류가 있다　**160**
SECTION 12 어떻게 하면 캐디가 될까?　**169**
SECTION 13 캐디 교육의 새로운 트랜드　**178**

Part 3

캐디의 미래

SECTION 14 캐디, 그 존재의 이유 및 고용보험 시행의 실체적 영향　**192**
SECTION 15 89구 9762와 노동3권의 부활　**205**
SECTION 16 법률 개정에 따른 고용의 변화　**219**
SECTION 17 앞으로 캐디가 나아갈 방향은?　**242**

Part 4

들어가면서

최근 골프와 관련되어서 화제가 된 서로 다른 세 가지 기사가 있다.

1. '이완, 아내 이보미 '□□' 데뷔하나… "남편, 내 플레이 잘 알고 골프실력도 뛰어나"

—출처: 뉴스인사이드 2020.08.03

2. 영화배우 A "골프장 갑질? 황당 억울" vs □□ "큰 소리로 질타"

—출처: 동아일보 2020.07.23

3. '□□ 고용보험 도입 후폭풍…"벌써 이탈 조짐, 20% 그만둘 것"'

—출처: 한국경제 2020.07.25

'□□'에 들어갈 말은 무엇일까?

바로 '캐디'다.

첫 번째 기사는 '누구나 캐디를 할 수 있다?'라는 기사다. 영화배우 김태희의 동생 이완과 결혼한 것으로 더 유명한 이보미 선수는 JLPGA에서 활약하고 있는 선수로서 KLPGA 4승, JLPGA 21승 통산 25승을 기록한 골프선수이다.

2020년 8월 9일 경주시 블루원 디아너스 C.C에서 열린 이벤트 대회인 박인비 인비테이셔날 대회에서 이보미의 남편인 배우 이완이 아내의 골프백을 매고 캐디를 했다. 이보미의 캐디가 코로나바이러스 여파로 한국에 들어오지 못했기 때문에 남편 이완에게 부탁한 것으로 알려졌다.

기사에 따르면, 이완은 캐디 경험은 없지만, 골프 실력이 70~80타대의 수준급 실력으로 알려져 있다. 물론, 이 경기가 정식경기가 아닌 이벤트 경기였고, 이보미의 캐디가 참가할 수 없었기 때문에 이완이 캐디를 할 수 있었다. 이완이 프로 선수의 골프백을 매고, 클럽을 전달하고, 그린의 경사를 읽고 조언까지 해 줄 수 있는 실력이 있기 때문에 캐디가 될 수 있었다. 이번 경기에 이완이 바로 '프로 캐디(일명, 투어 캐디)'로 활동한 것으로, 해외에서도 유명 프로 선수의 지인들이나 유명인들이 캐디를 하는 경우가 이벤트성으로 종종 있어왔다.

이완이 프로 캐디 역할을 했다고 해서, 이완이 프로 캐디가 되었다는 의미는 아니다.

[출처: golfdigest.com]

[그림] 2013년 마스터즈 파 3 컨테스트(the Masters Par 3 Contest)에서 로리 맥길로이(Rory McIlroy)의 캐디를 하고 있는 전 세계여자테니스 No. 1 캐롤리네 브즈니아키(Caroline Wozniacki)

두번째 기사는 캐디의 역할에 관한 것으로, 기사 내용을 그대로 믿을 수는 없지만, 기사로 나와서 사회를 시끄럽게 만들었던 사건이다. 이 기사의 핵심은 해당 영화배우의 주장처럼 '당시 캐디의 행동이 비매너적이었고, 고객으로서 잘못된 부분을 말했으며, 캐디가 느려 터졌다고 구박을 했다' VS 캐디의 주장처럼 '해당 배우가 코스마다 사진을 찍었고, 일행과 대화를 하느라 진행이 늦어졌으며, 코스 진행을 유도하던 자신에게 큰 소리를 치며 질타하며 갑질했다'였다. 골프를 즐기는 사람이라면, 이 영화배우의 주장이 억지스럽다고 생각할 것이다.

4명대 1명

지인들과 같이 온 4인을 서비스해야 하는 1명의 캐디가 고객들을 상대로 구박을 하고, 악의적 이야기를 할 수 있었을까?

불가능한 이야기다.
캐디는 항상 약자다. 고객의 도가 넘는 행동에 대한 대처도 해야 하고, 고객이 무시하는 말과 행동에도 성의 있게 답변을 해야 하며, 전문가로서 캐디 본연의 업무를 해야 한다. 그런데 캐디와 관련해서 이런 불상사가 발생하는 것은 무엇보다도 캐디가 하는 일에 대한 상호간 이해가 부족하기 때문이라고 생각한다.

세번째 기사는 캐디라는 직업이 가까운 미래에 엄청나게 변할 것이라는 기사다. 이 기사가 가져오는 파급효과를 예측하기 위해서는 캐디와 골프장 환경이 어떻게 변해 왔는가를 이해해야만, 왜 캐디와 골프장이 반발하고 있는 지에 대해서 보다 명확하게 알 수 있을 것이다. 지금까지 캐디는 특수고용직으로 4대보험 대상자도 아니었으며, 캐디 스스로도 보험에 가입하고 싶지 않아 했었다.

이렇게 된 가장 큰 이유는 바로 금전적 문제다.

골프를 치기 위해서 지불하는 돈은 크게 세 가지로 나뉜다. 그린피, 카트피, 캐디피다. 그린피와 카트피는 골프장에 지불하지만, 캐디피는 캐디에게 직접 현금으로 주는 돈으로 캐디는 1라운드에 12만원~15만원의 캐디피를 받는다. 캐디피 이외에 받는 돈을 오버피라고 하는데, 오버피에 관해서는 논외로 하겠다. 보통 캐디는 하루에 두번 근무를 하게 되는데, 이렇게 해서 받는 돈이 하루 25만원 정도로 한달 간 4일 휴식을 취한 경우 약 600만원~700만원을 현금으로 받는다.

많은 사람들이 생각하는 것보다 훨씬 많은 돈을 받는다.

이렇게 현금으로 벌고, 세금을 한 푼도 내지 않던 것에서, 4대 보험료, 퇴직급여, 소득세, 지방세 등을 내야 하는 상황으로 변하고 있다. 약 30% 가까운 소득이 감소될 것으로 예상된다. 캐디의 고용보험 가입은 지금까지 캐디를 해왔던 많은 사람들에게 캐디를 계속할 것인가, 그만둘 것인가에 대한 딜레마를 갖게 만들고 있다. 지금까지 우리 사회는 캐디의 수가 정확히 몇 명이고, 캐디가 무슨 일을 하며, 어떻게 하면 캐디가 되는지에 관해서는 별다른 관심을 가지지 않았다. 골프장은 캐디가 부족하지만, 캐디를 가르치는 것에 인색하였고, 캐디는 고수익 전문직이지만, 특수 고용직이라는 이유로 국민으로서 납세의무를 지키지 않았으며, 골퍼는 캐디피를 줘야 한다는 것만 알았지, 정확히 캐디가 무엇을 하는 사람들인지를 알려고 하지 않았다.

캐디는 고수익 전문직으로, 많은 사람들이 도전할 수 있는 멋진 직업이지만,

의외로 캐디에 관해서 모르는 사람들이 너무 많다. 이에 우리는 이 책을 통해서 캐디에 관해 보다 자세하게 알아보려고 한다. 이 책은 2020년 8월부터 2021년 3월까지 약 8개월간 조세금융신문에 연재한 내용과 레저신문에 연재한 내용을 기본으로 하여 이 책의 구성과 내용에 맞추어서 새롭게 편집하고 내용을 추가했으며, 1부 캐디의 역사, 2부 캐디가 하는 일, 3부 캐디가 되는 방법, 4부 캐디의 미래로 나누어 설명하려 한다.

이 글이 있기까지 캐디에 관한 업무적 지식과 스킬을 만들어 준 김기우 이사, 이동규 이사, 박재훈 이사, 차예준 부장, 이정현 부장, 박규빈 실장, 임주영 팀장, 이다검 팀장과 바쁜 와중에도 다른 생각을 할 수 있도록 도와준 성창호 대표와 손경민 대표에게 감사의 말씀과 골프앤 식구들에게 감사의 말씀 전합니다.

캐디와 관련된 법률지식을 조언해준 조우성 변호사, 세무관련 지식을 검수해준 임의준 세무사, 캐디관련 노무에 대한 자문을 해 준 박진호 노무사, 미국에서 캐디 관련 자료를 보내주신 김석희 대표, 항상 중요한 자문을 해준 송기현 실장, 캐디 교육에 필요한 시스템을 만들어준 장준철 대표, 필요한 삽화를 그려 준 김이수님 등 전문가 그룹과 캐디 교육에 대한 새로운 아이디어가 현장에서 뿌리내릴 수 있도록 적극적으로 도움을 주셨던 대영베이스&힐스CC, 진천에머슨GC, 청주그랜드CC 임원분들과 관계자분들에게 다시 한번 감사의 인사를 드립니다.

무엇보다도 캐디 교육이라는 새로운 장르를 위하여 많은 시간을 희생해 준 사랑하는 나의 가족 박윤희, 김결, 김규에게 감사드립니다.

지은이 김대중

Special thanks to

송순
엄마의 아들로 태어나서
행복했습니다.

&

김대길
나의 동생으로 살아줘서
고마웠습니다.

Part 1

캐디의 역사

SECTION 1	캐디는 언제부터 있었나?
SECTION 2	역사적으로 캐디의 역할은 어떻게 바뀌었나?
SECTION 3	최초의 캐디는 누구일까?
SECTION 4	가장 유명한 캐디는 누구일까?

캐디는 전문가다.

카데에서 출발한 캐디가 시대의 파고를 거쳐 현재의 직업으로 나타나기까지 아주 오랫동안 꾸준하게 골프의 발전과 함께한 것이 바로 캐디라는 직업이다. 캐디라는 직업은 역사적 사실과 함께 하는 일이 점차 전문화되었다. 시작은 클럽을 들고 여왕을 보호하던 보디가드에서, 척박한 골프 환경에서 플레이의 승패를 좌우할 수 있는 그래서 골프 볼을 찾아야만 했던 역할로 발전하였으며, 이 시대를 거쳐 귀족들의 전유물이었던 골프 게임을 대중화로 이끌었던 캐디의 전성기가 있었다.

캐디 출신이 대회 우승을 휩쓸었던 시대, 캐디 출신이 아닌 사람이 골프 대회를 우승하는 것이 이슈가 되었던 시대다. 이 시대를 지나 하우스 캐디가 생겨나고, 프로 캐디가 새로운 직업으로 각광받는 시대로 변하면서, 캐디의 역사는 점차 진화되었다.

캐디는 골퍼에게 도움을 주는 사람이라고 한다.

골퍼의 골프클럽과 골프백을 들어주고, 골프클럽을 전달하기 위해서 카트나 트롤리를 운반하거나 직접 골프백을 매고 다니기도 한다. 골퍼의 볼을 찾아 주고, 그린의 홀 컵까지 거리도 계산해 주고, 골퍼의 안전까지도 책임지기 때문에 골퍼를 도와주는 사람이 캐디라는 사실은 정확하게 맞는 말이다. 그러나, 캐디를 단순하게 도움을 주는 사람이라고 정의하기에는 무엇인가 부족하다.

캐디가 도움을 주는 헬퍼(Helper)라면, 누구나가 체력만 좋다면 캐디가 될 수 있어야 하고, 쉽게 캐디 일을 할 수 있어야 한다. 그러나, 캐디가 되고 싶은 사람은 많지만 누구나 캐디가 되지는 못한다.

캐디가 하는 역할 중 가장 전문성이 필요한 일이 어드바이스(Advice)하는 일이다.

공략지점이 어디인지, 그린 라인이 어떻게 되는지, 어떤 클럽을 사용하는 것이 좋은지 등을 골퍼에게 어드바이스하고, 골퍼는 캐디의 어드바이스를 듣고 클럽선택과 공략지점 등을 판단해서 결정해야 하는 것이다.

캐디의 업무는 시대에 따라 바뀌어 왔다. 이제 캐디는 헬퍼(Helper)를 넘어서 어드바이저(Adviser)가 되어야 하는 시대에 와 있다.

SECTION 1

캐디는 언제부터 있었나?

기록으로 본다면, 골프의 기원은 스코틀랜드지만 캐디라는 말의 어원은 프랑스다. 물론 그 중심에는 스코틀랜드가 있다. 프랑스어 '르 카데(Le Cadet)'는 소년 또는 한 집안의 막내라는 뜻이다. 이 단어가 프랑스에서 스코틀랜드로 넘어가면서 영어에 '커뎃(Cadet)'이라는 단어가 처음 기록으로 나타난 때가 1610년이며, 1634년부터 짧게 '캐디(Caddie 또는 Cadie)'로 기록된다. 참고로, 영어 'Cadet'은 경찰이나 군대의 간부(사관) 후보생이다.

'카데'라는 단어가 프랑스에서 스코틀랜드로 넘어오는 계기는 메리 스튜어트(Mary Stuart, 1542-1587)라는 최초의 여성 골퍼 때문이다. 아래 [그림 1-1]은 1905년에 그려진 그림으로 세인트 앤드류스 링크스(St. Andrews Links)에서 골프를 치고 있는 메리 여왕의 모습이다. 그림에서 보듯이 이 당시에는 골프 코스의 개념이 없고 골프를 즐기는 장소만이 있을 뿐이다. [그림 1-1]에서 어드레스 중인 메리 여왕 옆에 '카데들'이 골프클럽을 들고서 서로 이야기를 나누고 있다. 이 당시에는 골프백이 없었기 때문에 골프클럽 여러 개를 캐디가 들고 다녀야 했다.

[그림 1-1] 갤러리 앞에서 골프를 치는
메리 여왕과 2명의 카데(Le Cadet)

캐디의 역사는 메리 여왕과 함께하기 때문에 메리 여왕에 대해서 조금은 자세하게 이야기를 하려고 한다. 일명 비운의 여왕 메리에 관한 이야기다.

잉글랜드, 스코틀랜드 거기에 프랑스 왕위 계승권까지 지닌 채 너무나도 화려하게 태어난 매리는 스코틀랜드의 마지막 여왕이다. 아버지의 얼굴도 못 본 채 생후 6일만에 아버지 제임스 5세(James Ⅴ, 1512-1542)가 외숙부인 잉글랜드 왕 핸리 8세(Henry VIII, 1491-1547)와의 전쟁 중에 사망하게 되어 생후 9개월의 나이로 스코틀랜드의 왕위를 계승한 여왕이 된다.

6살에는 프랑스 왕자와 약혼하여 프랑스에서의 망명생활을 시작하였고, 프랑스 왕비가 된 지 1년만인 1561년에 남편인 프랑스아 2세(François II, 1544-1560)의 죽음으로 스코틀랜드를 떠난 지 13년만에 19살의 나이로 고국으로 다시 돌아오게 된다.

메리는 선대 왕들처럼 거의 매일 골프를 즐겼다고 하며, [그림 1-2] 영화 포스터처럼 키 180센티미터 장신에 얼굴은 작고 목은 가늘고 길었으며, 머리카락은 적갈색이었다고 한다. 그녀로 인해서 유럽의 미의 기준이 바뀌었을 정도로 사교계의 아이콘이었다고 한다. 프랑스에서 메리는 왕족으로서 라틴어, 그리스어, 스페인어, 이태리어, 영어, 프랑스어까지, 그 당시 모든 언어에 능통했다고 한다. 그녀는 지성과 미모 거기에 프랑스, 스코틀랜드, 영국의 왕위 계승권을 모두 가진 적통의 왕족이었다. 그러나 힘없는 여왕으로서는 이 모든 것들은 불행의 씨앗이 되었고, 그녀는 죽을 때까지도 왕위 계승권으로 인한 고통스러운 삶을 살아야 했다.

그 당시 프랑스에서는 스코틀랜드 스타일의 골프가 생소했으며, 골프장이 없는 프랑스에서 골프를 즐기기 위해 풀이 잔뜩 있는 넓은 벌판에서 골프를 즐기고 있는 메리는 프랑스인들에게는 너무나도 생소하고 신기한 존재였을 것이다. 젊은 메리 여왕을 경호하기 위해 젊은 카데들은 무기 대신 골프클럽을 들고 경호를 했을 것이다.

프랑스에서는 군대의 간부후보생(cadet)이 왕족 골퍼들을 위해서 골프클럽을 들고 다녔다고 하는데, 역사적 사실로 봤을 때는 메리 이전에 프랑스 골퍼가 없었기 때문에 메리의 경호를 담당했던 카데들이 메리 이후에도 골프를 치는 왕족들을 경호하면서 골프클럽을 들어주는 역할을 했을 것이다. 메리 여왕이 스코틀랜드로 돌아갔을 때 메리 여왕을 경호하던 프랑스 군 간부후보생들도 같이 건너오게 되었고 그 카데들이 여전히 스코틀랜드에서 칼 대신 골프클럽을 들었던 것이 그 당시 캐디라는 신조어가 만들어진 계기가 되었을 것이다.

이 당시 유럽은 왕족들 간의 혼맥이 매우 복잡하였으며, 메리 여왕의 경우도 할머니는 잉글랜드 왕족, 할아버지는 스코틀랜드 왕, 어머니는 프랑스, 이탈리아, 룩셈부르크, 스페인 왕조에 기반을 두고 있는 훗날 부르봉 왕가 출신으로 자신의 혈통에 대한 자부심이 뛰어났을 것이고, 스코틀랜드로 돌아갈 때도 당연하게 그의 보디가드들(카데)의 호위를 받았을 것이다.

1565년 23살 메리는 3살 연하이자 복잡한 족친 관계인 단리 경 헨리 스튜어트(Lord Darnley, Henry Stuart, Duke of Albany, 1545-1567)와 다시 결혼한다. 왕위를 탐내는 단리 경으로 인해 결혼생활은 순탄치 않았고 이 결혼은 후에 잉글랜드와 스코틀랜드 공동 군주가 되는 제임스 1세라는 결실만을 남기게 된다. 단리 경은 1567년 목이 잘린 시체로 발견되고, 비명횡사한 단리 경이 죽은 후 3일도 지나지 않은 상황에서 메리는 당당하게 골프를 즐겼다고 한다. 이 하나의 이벤트를 계기로 그녀는 첫번째 민심을 잃게 된다.

그러나, 매리 여왕이 그녀의 두번째 남편인 단리 경이 죽은 후 3일만에 바로 골프를 쳤다는 기록에는 역사적 논쟁거리를 가지고 있는데, 이는 그녀의 정적들이 가짜 뉴스(Fake News)를 퍼트려서 그녀의 왕위를 빼앗고 죽이기 위해서 골프를 이용했다는 이야기도 있다.

단리를 죽이는데 결정적인 역할을 한 보스웰 백작 제임스 헵번(Earl of Bothwell, James Hepburn, 1534-1578)이 메리 여왕을 납치해 강간한 후 결혼을 강요하였고, 이에 메리는 어쩔 수 없이 결혼할 수밖에 없었다. 강요에 의한 결혼이었으나, 백성들은 그녀가 보스웰과 짜고 남편인 단리를 죽였다는 유언비어가 퍼져서 두번째 민심을 잃게 되었다.

예나 지금이나 민심을 잃은 정권이 힘을 잃게 되는 것은 자명한 사실이다. 1568년 26살 메리는 스코틀랜드를 떠나 잉글랜드로 망명하였고, 잉글랜드에 도착하자 마자 칼라일 성에 감금되었으며, 18년간 유폐생활을 거쳐 1587년 그녀의 나이 45세에 라이벌이자 고모인 잉글랜드 여왕 엘리자베스 1세(1533-1603)에 의해 반역죄로 참수당한다. 아이러니하게도 메리 여왕이 참수당하고, 1603년 잉글랜드 여왕 엘리자베스 1세가 죽은 후에 메리의 아들인 제임스 1세(James Charles Stuart, 1566-1625)가 즉위하면서 잉글랜드와 스코틀랜드의 공동 군주가 되었다.

아래 [그림 1-2]는 2018년 영화화된 '스코틀랜드의 메리 여왕(Mary Queen of Scots)'으로 스코틀랜드의 메리 여왕과 그녀의 숙명의 라이벌 잉글랜드의 엘리자베스 여왕에 관한 이야기다. 위에 설명한대로 포스터에 나온 메리 여왕은 너무 젊고 매력적인 모습이라고 할 수 있겠다. 포스터에 써 있는 '누구에게도 고개 숙이지 않는다(Bow to No One)'라는 말이 인상적이다.

영국의 골프 역사는 1400년대로 거슬러 올라가는데, 1503년 내기 골프를 즐겼던 스코틀랜드의 제임스4세(1473-1513)가 런던의 블랙히스(Blackheath)에서 골프를 쳤다는 기록이 있으며, 스코틀랜드의 메리 여왕이 1567년 골프를 쳤다는 기록으로 인해서 그녀는 '최초의 여성 골퍼' 또는 '골프의 어머니'라는 호칭으로 불리기도 한다.

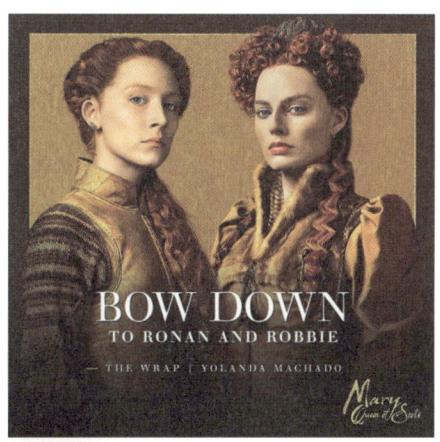

[그림 1-2] "Mary Queen of Scots"의 다양한 포스터

[출처: 영화 'Mary Queen of Scots' 공식 트위터 계정]

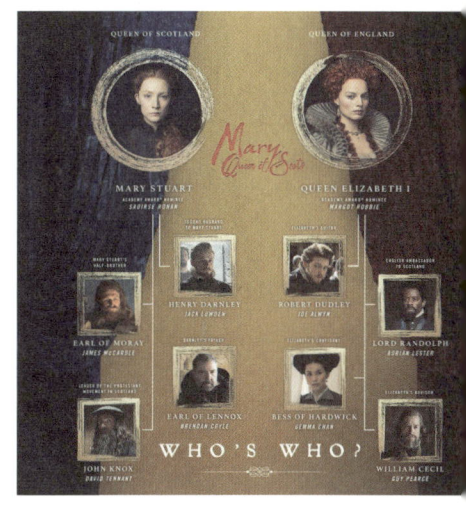

SECTION 1 캐디는 언제부터 있었나? 21

*여기서 잠깐, 기록으로 본 최초의 여성 골퍼가 메리 여왕이라면,
그러면 최초의 골퍼는 누구일까?*

바로 메리 여왕의 할아버지인 스코틀랜드 왕 제임스 4세(James IV, 1473-1513)다. 스코틀랜드 골프 역사(scottishgolfhistory.org)에 따르면, 골프와 연관되어 제임스 4세는 의미 있는 기록들을 가지고 있다.

[그림 1-3] 1562년 정도에 만들어진 필사본 제임스 4세

[출처: National Library of Scotland(digital.nls.uk)]

첫번째, 제임스 4세는 금지된 골프를 다시 치게 만들었다는 것이다.

제임스 2세(James II, 1430-1460)는 1457년 골프와 축구를 금지하는 법을 만들었다. 그 이유는 백성들이 골프와 축구를 너무 좋아한 나머지 궁술 훈련을

등한시해 영국과 전쟁을 벌이고 있는 상황에서 군사력이 뒤떨어질 것 같았기 때문이었다. 그러나 제임스 4세는 골프가 금지된 시기에도 골프를 즐겼고, 이제는 화살로 전쟁을 하는 시대가 아니라 대포라는 신무기가 화살을 대처하기 때문에 자신의 할아버지가 만든 이 법안이 구시대적 발상이라고 판단했고 골프금지를 풀어버린 것이다.

두번째, 제임스 4세는 최초로 골프클럽을 구매한 기록을 가지고 있다는 것이다.
1502년 퍼스(St John's Town, Perth)에 있는 활 제조자로부터 골프클럽을 14실링에 구매했다고 기록되어 있다.

세번째, 바로 그가 기록에 남아있는 전세계 최초의 골퍼라는 것이다.
제임스 4세가 어디에서 골프를 쳤는지 그 장소가 정확하게 알려져 있지 않지만, 퍼스에서 골프클럽을 구매한 기록을 유추해 보면 퍼스가 초기 골프를 쳤던 장소라고 생각할 수 있다. 혼동하지 말아야 할 것은 최초의 골프 코스가 아닌 골프장이라는 사실이다. 참고로, 기록에 의하면 최초의 골프 코스는 1754년 세인트 앤드류스 올드 코스(St Andrews Old Course)이며, 최초의 18홀 골프 코스는 1857년 세인트 앤드류스 올드 코스이다. 세인트 앤드류스가 골프장으로 만들어진 것은 1502년 퍼스, 1504년 포크랜드 궁전(Falkland Palace)보다 70년 정도 늦은 1574년도이다.

 캐디(Caddie)의 어원은 프랑스어 '르 카데 (Le Cadet)'로 최초의 여성 골퍼인 메리 여왕과 많은 관련을 가지고 있다.

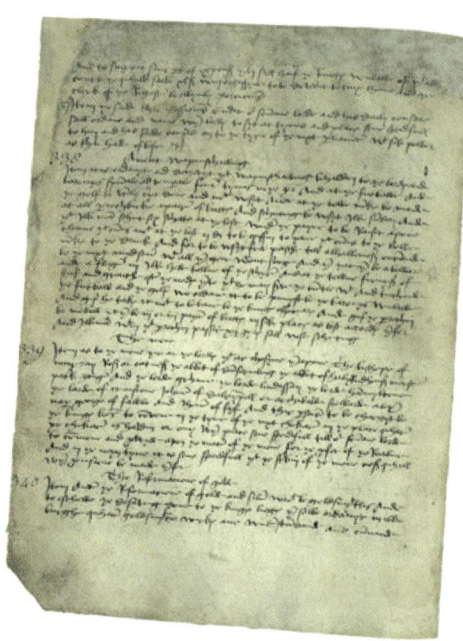

[그림 1-4]
1457년 골프와 축구를 금지하는 스코틀랜드 의회 제정법

[출처: courtesy of the National Archives of Scotland(digital.nls.uk)]

    캐디의 어원은 프랑스에서 왔지만, 근대 골프의 탄생지는 스코틀랜드다.

    최초의 골프 코스를 만든 곳은 1754년 세인트 앤드류스 올드 코스(1552)이며, 스코틀랜드 이외 지역에서 처음으로 만들어진 골프 코스는 영국도 미국도 아닌 프랑스에 있다.

1856년 만들어진 파우 골프클럽(Pau Golf Club)이다.

    파우 골프클럽은 전세계에서 17번째 만들어진 골프 코스로 처음 9홀로 만들어졌고, 역사적으로 보면, 프랑스인을 위한 골프 코스라는 의미보다는 영국 군대 특히 스코틀랜드 병사들을 위해서 만들어졌으며, 프랑스인들은 캐디역할을 했다고 기록되어 있다.

SECTION 2

역사적으로 캐디의 역할은 어떻게 바뀌었나?

모든 직업에는 역사가 있다. 어디서 시작되었고, 어떤 과정을 거쳐 현재의 직업으로 자리잡았는지에 관한 흥미진진한 이야기가 역사의 뒷면을 장식하고 있다.

예를 들어, 변호사란 직업의 역사에 대해 간단하게 살펴보자. 지금도 역사적으로 누가 첫번째 변호사였는지는 모르지만, 과거에도 변호사 역할을 했던 법률 전문가는 있었을 것이다. 법률과 관련된 직업의 역사는 고대 그리스와 로마시대까지 거슬러 올라간다. 고대 아테네에서는 변사(Orators)라고 하여 자기 친구의 사건을 변호하는 직업이 있었다.

그 당시 그리스에서는 타인을 변호하고 돈을 받는 것이 엄격하게 금지되었다고 한다. 지금의 국선변호사처럼 말이다. 고대에서 중세를 거쳐 법을 전문으로 공부한 법률 전문가(Lawyer)의 시대를 지나 현대의 사법시험을 통과하여 법적 대리가 가능한 변호인(Attorney)이 되기까지 기나긴 역사적 흐름과 함께 변호사라는 직업이 생겨났다.

다시 돌아와서, 캐디라는 직업도 변호사처럼 고대 그리스까지 그 역사가 올라가지는 않지만, 골프를 시작했던 그 당시부터 캐디가 있었을 것이다. 물론, 지금과 같은 역할을 하고 있지는 않았을 것이다.

이에 본 장에서는 시대흐름에 따라 골프의 역사와 더불어 캐디의 역사도 어떻게 흘러갔는지 정리해 보려고 한다. 아래 [표 2-1](52Page 참고) 캐디와 관련된 역사적 사실에 기반한 연대기(Chronicle)를 같이 보는 것이 이해하기 편할 것이다. 여기서 말하는 캐디의 역사에 따른 시대적 분류는 본 저자의 상상에 기반한 것으로 이 의견에 반대하는 분들도 있을 것이라고 생각하며, 다른 생각을 가지고 있는 분이 있다면, 언제든지 다른 의견을 주기를 바라는 바다. 이는 역사는 상상하는 자의 것이라고 믿기 때문이다.

이제 본격적으로 캐디의 역사로 들어가 보자.

캐디는 역사적 흐름과 시대의 필요성에 의해서 생겨났고, 당시 시대 환경과 골프 환경, 기술의 변화에 따라 캐디의 역할도 바뀌어 갔는데, 가장 큰 변화를 가져온 것이 바로 골프 볼의 발전과 카트의 등장이라고 할 수 있다.

1. 보디가드(Bodyguard)의 시대

1500년대는 캐디가 역사에 처음 등장한 시기로 캐디의 원형은 경호원(Bodyguard)에서 출발한다. 제1장 [그림 1-1]을 자세히 보면, 메리 여왕이 골프를 즐길 때 바로 옆에서 혹시 모를 잠재적 위험으로부터 여왕을 보호할 목적으로 골프클럽을 들고 서 있는 르 카뎃(Le Cadet)들이 바로 캐디의 시초 모습이다.

이때는 원 캐디, 원 백이라는 개념도 없었을 것이다. 물론 골프백 자체도 없어서 카뎃들이 그림에 보이는 것처럼 골프클럽을 한 손에 들고 있었다. 또한 여왕이 어드레스를 하고 있어도 같이 경호를 나온 카뎃과 이야기를 나누면서 경호 업무를 겸했을 것이다. 시야가 탁 트인 곳에서 경호를 하기 때문에 이렇게 한가하게 이야기를 나눌 시간도 있었을 것이고 말이다.

여기서 잠깐 그림에 그려진 카뎃의 복장을 잠깐 살펴보고 넘어가자.

카뎃이 입고 있는 옷은 16세기 후반 유럽 남자들의 전형적인 복장이라고 할 수 있다. 목에 하얗게 보이는 것은 안에 받쳐입는 칼라(collar)가 있는 린넨 셔츠(linen shirt)이며, 그 위로 더블릿(Doublet)이라는 재킷 형태의 옷은 그 당시 남자들의 대표적 상의로 허리라인 앞에 V모양을 깊게 만들어서 몸에 꼭 맞도록 입체적 형태를 만들고 있다. 그리고 허리 아래 엉덩이 부분이 부풀려진 짧은 바지인 브리치즈(Breeches)를 입는데, 브리치즈는 더블릿에 연결하여 입었다.

>  캐디가 역사에 처음 등장한 시기로 캐디의 원형은 경호원에서 출발한다. 메리 여왕이 골프를 즐길 때 바로 옆에서 혹시 모를 잠재적 위험으로부터 여왕을 보호할 목적으로 골프클럽을 들고 서 있는 르 카뎃들이 바로 캐디의 시초 모습이다.

이 때 부풀려진 바지 스타일을 페플럼(Peplum) 스타일이라고 하는데, 페플럼은 오버스커트(Overskirt)라고도 하며, 상의나 블라우스 등의 허리 아래에 붙은 스커트 모양의 주름진 부분이나 스커트, 브리치즈(Breeches, 짧은 바지), 트라우저(Trouser, 긴 바지)의 경우 그 위에 부풀려서 주름진 스타일을 만들어 입을 수 있다. 페플럼 스타일은 그 당시와는 약간 차이가 있지만, 지금도 여성들이 즐겨 입는 패션 스타일로 자리매김하고 있다.

하의는 오늘날 팬티 스타킹 같은 팬티 호즈(hose)를 더블릿에 연결해서 입었다. 더블릿에는 소속을 표시하는 엠블럼을 장식하였고, 페블럼과 같이 문양의 스트라이프(Stripe) 넣어서 복장을 통일하여 멋스럽게 디자인한 옷을 입고 있다.

[그림 2-1]
중세의 페플럼과 현대의 페플럼

[출처: worldpress.com]

◀16세기 페플럼
▼현대 페플럼

2. 포터(Porter)의 시대

16세기 멋쟁이 보디가드의 시대를 거쳐, 17세기부터는 포터의 시대가 되었다. 여기서 포터란 호텔이나 역 등에서 손님의 짐을 옮겨 주고 팁을 받는 사람을 말한다.

1634년에 캐디(caddie)가 최초의 기록으로 나타났는데, 이 당시 캐디라는 단어의 의미는 짐꾼(porter), 심부름꾼(errand-men), 뉴스를 부르는 사람(news-cryers), 팜플렛 판매인(pamphlet-sellers)으로 기록되어 있다.[3] 이러한 의미로 사용된 것과 다르게 캐디(Cady, Caddy, Cadie or Caddie)는 18세기 스코틀랜드 지방 특히, 에딘버러(Edinburgh)에서 잔 심부름을 하거나 잡다한 것들을 전달해주는 소년, 특히 물을 전달해 주는 역할을 하는 소년이라는 뜻으로 사용되었으며, 1711년 에딘버러 지역사회에서 처음 만들어졌다.

그리고 'The Shorter Oxford Dictionary'에 있는 캐디라는 용어는 1730년부터 일반적인 포터로써 사용되었다는 기록이 있다. 캐디는 종종 골프클럽을 가지고 다니는 것(carrying)으로 언급되기도 한다. 그러나 1857년이 되어서야 비로소 캐디가 주로 골프클럽을 전달하는 역할을 하게 된다.

아래 [그림2-2]처럼 골프를 하던 초창기에는 캐디는 골프백이 없어서 클럽 여러 개를 팔에 끼고서 선수들을 따라다녔기 때문에 포터(porter, 짐꾼)라는 개념으로 사용되었다. [그림 1-1]과 [그림 2-2]를 비교해서 살펴보면, 메리 여왕이 골프를 칠 때 카뎃이 들고 있던 골프클럽 수는 2개에 불과했지만, [그림 2-2]에 캐디가 들고 있는 클럽 수는 6개로 많은 차이를 보이고 있다.

[그림 2-2] 1790년 그려진 골프 캐디

[작가]: Lemuel Francis Abbott, 출처: 위키피디아(wikipedia.org)

여기서 잠깐 골프백이 언제 만들어졌는지에 관해서 알아보고자 한다.

골프백은 1800년대 후반에 처음 등장하였고, 골프백이 등장하기 전에는 골프클럽을 끈으로 묶어서 들고 다녔다고 한다. 끈으로 묶기 전에는 그림처럼 여러 개의 클럽을 가지고 다녔는데, 현재의 캐디들이 사용하고 있는 클럽 핸들링 방식과 유사하다고 할 수 있다. 지난 장에서 설명했던 카넷이 가지고 다녔던 클럽은 그 숫자도 적었을 뿐만 아니라, 가지고 다니는 방식 자체도 현재와는 사뭇 많은 차이가 있어 보인다.

3. 포어 캐디(Fore-caddie)의 시대

17세기 포터의 시대와 함께 새로운 캐디의 역할이 등장하는 데, 캐디의 역할 중에 가장 오래 전에 언급된 포어 캐디(Forecaddie)의 시대가 도래한다.

포어 캐디가 등장하게 되는 결정적인 계기는 기술과 규칙의 발달과 발전으로 시작되었다. 그 때까지 사용되었던 나무 볼 대신에 1743년도부터 약 100년간 젖은 가죽 안에 거위 깃털(Feather)을 가득 채운 후, 가죽이 마르면서 점점 줄어 들어 공을 더욱 단단하게 하는 페더리(Featherie) 볼 시대가 시작하였다.

[그림 2-3] 1450년 이전 가장 오래된 페더리 볼 구조(좌측)와 윌리엄 구레이(William Gourlay)가 1830년에 만든 페더리 볼

[출처: http://www.scottishgolfhistory.org]

[그림 2-3]을 보면, 오른쪽 그림이 1830년 경에 만들어진 페더리 볼로 바느질 자국이 안 보인다. 이는 원래 페더리 볼은 깃털을 안에 넣고, 바느질을 안쪽에서 했기 때문에 보이지 않는 것이며, 좌측에 볼은 수리를 위해서 바깥에 바느질을 한 것으로 보인다.

여기서 중요한 것은 좌측 볼은 실제로 페더리 볼의 구조와 같은 세계에서 가장 오래된 직경 15cm의 축구공이다. 이 공은 1981년 스털링성에 있는 여왕의 방에서 발견된 것으로 1540년 경에 만들어진 것으로 보인다.

그리고 바로 다음 해인 1744년 에딘버러에서는 세계 최초로 13개의 골프 룰이 만들어졌다. 이 규칙들을 한국어로 옮기면서 많은 어려움이 있었다. 왜냐하면, 최초의 골프 룰은 간단하지만 무척이나 난해한 부분을 가지고 있었기 때문에 정확하게 한국어로 번역하기 위해서는 당시의 골프 상황을 이해해야만 했다.

Articles & Laws
in Playing at Golf
1745

1. You must Tee your Ball, within a Clubs length of the Hole.
2. Your Tee must be upon the Ground.
3. You are not to change the Ball which you Stroke off the Tee.
4. You are not to remove Stones, Bones or any Break Club, for the sake of playing your Ball, Except upon the fair Green, within a Clubs length of your Ball. & that only
5. If your Ball come among Water or any wattery filth, you are at liberty to take out your Ball & bringing it behind the hazard and Teeing it, you may play it with any Club and allow your Adversary a Stroke, for so getting out your Ball.
6. If your Balls be found any where touching one another, You are to lift the first Ball till you play the last.
7. At Holing, you are to play your Ball honestly for the Hole, and, not to play upon your Adversary's Ball, not lying in your way to the Hole.
8. If you should lose your Ball, by it's being taken up, or any other way, you are to go back to the Spot, where you struck last, & drop another Ball, and allow your adversary a Stroke for the misfortune.
9. No man at Holing his Ball, is to be allowed, to mark his way to the Hole with his Club or any thing else.
10. If a Ball be stopp'd by any person, Horse, Dog, or any thing else, The Ball so stopp'd must be played where it lyes.
11. If you draw your Club, in order to Strike & proceed so far in the Stroke, as to be bringing down your Club; If then, your Club shall break in any way, it is to be accounted a Stroke.
12. He whose Ball lyes farthest from the Hole is obliged to play first.
13. Neither Trench, Ditch or Dyke, made for the preservation of the Links, nor the Scholar's Holes or the Soldier's Lines, Shall be Accounted a Hazard, But the Ball is to be taken out, Teed and played with any Iron Club. — John Rattray Cpt.

Authentic entry from the Minute Book of the Company of Gentlemen Golfers, Edinburgh, Scotland, 1745
Verification: Encyclopaedia Britannica 15th edition 1991 printing vol. 28 ©1994

번역본은 아래와 같다.

Rule 1. 골프 볼은 그 홀의 1클럽 이내에서 티를 해야 한다. (1항이 제일 어려웠다. 아니 무슨 미니 경기도 아니고, 홀에서 1클럽 이내에 티를 해야 한다니 말이다. 규정 그대로 해석하려 하니 이해가 불가능해서, 그 당시 골프 시대 상황을 공부해야만 했다. 여기서 홀은 전 홀을 의미하며, 그 당시에는 티잉 구역이 없었기 때문에 골퍼는 바로 전 홀에서 티샷할 준비를 해야 했다.)

Rule 2. 티는 그라운드 위에 만들어야 한다. (그 당시에는 나무 티를 사용하지 않았으며, 젖은 모래로 조금 올라오게 만들고 그 위에 볼을 놓고 티샷을 하게 했다. 이 규정은 그라운드 위가 아닌 어떤 것을 놓고 그 위에 티를 만들 수 없다는 것을 확실하게 만든 것이다. 지금의 티는 그 당시에는 불법인 것이다.)

Rule 3. 티샷 후에는 볼을 바꾸면 안 된다. (그 당시 골프 볼은 새의 깃털을 넣고 가죽으로 마무리된 볼(featherie라고 칭함)을 사용했기 때문에 골프 볼이 종종 산산이 부서기도 하여 One Hole, One Ball이 규칙이었다. 그 홀에서 볼이 부서진다면, 운이 없었던 것이고 결국 그 홀에서 진 것이다.)

Rule 4. 페어 그린 위에서 볼의 위치로부터 한 클럽 이내에 있는 경우를 제외하고, 돌이나 동물의 뼈나 클럽의 부서진 조각 등을 골프 볼을 치기 위해서 옮겨서는 안 된다. (그 당시 골프클럽의 샤프트는 히코리(나무 젤)로 만들었기 때문에 쉽게 부서졌고, 클럽이 부러졌다고 해도 그것을 치우고 칠 수는 없으며, 링크스는 자연적으로 생긴 해변가 지역이기 때문에 환경적으로 골프를 치기 좋은 상태가 아니어서 링크스에 자연적으로 존재하는 돌이나 동물의 뼈도 자연 장애물로 간주하고 골프를 치라는 것이다. '페어 그린'을 오늘날의 그린 잔디 상태로 보면 안되고, 그 당시에는 양이 뜯던 풀이 있던 곳으로 현재 상태로 보면 러프를 한번 깎아 놓은 상태로 보면 될 것 같다.)

Rule 5. 골프 볼이 물이나 워터 해저드에 빠졌을 때, 볼을 꺼내어 해저드의 뒤에 놓고 티를 하며, 어떤 클럽을 사용해서 쳐도 무방하다. 또한 동반 경기자에게 1타를 더 치게 해야 한다.

Rule 6. 만약 그린 위에 홀을 향해 골프 볼이 나란히 붙어 있으면, 뒤의 볼을 칠 수 있도록 앞에 있는 볼은 들어 올려서 뒤의 볼을 치게 한다. (4항의 장애물 규정에 비해서 아주 완화된 규정으로 샷을 하기 위해서 다른 사람의 볼을 옮길 수 있는 예외적인 규정이다.)

Rule 7. 골프 볼을 홀에 넣을 때는 정직하게 볼을 쳐야 한다. 홀에 향하는데 방해가 되지 않는 위치에 있는 것을 놓아도 안되고, 동반경기자의 골프 볼로 플레이 해도 안 된다. (원문에 나오는 Holling은 Putting으로 해석해야 하며, 이 규정은 스타이미(골프에서 볼과 홀 컵 사이에 장애물이 있는 상태를 말함) 규정과 관련해서 부정행위를 막기 위해서 만들어진 것이다. 1952년까지 매치플레이 경기 방식에서는 상대방의 볼이 당신의 볼과 홀 컵 사이에 있다면, 중간에 있는 상대방의 볼을 움직일 수가 없었다. 7항은 자연적으로 스타이미가 발생하는 것은 괜찮은데, 의도적으로 상대방의 경기를 방해할 목적으로 스타이미 행위를 하지 못하게 명확하게 규정한 것이다.)

Rule 8. 골프 볼이 사라졌거나 또 다른 이유로 잃어버렸을 경우에는 마지막에 친 장소로 돌아가서 다른 볼을 드롭하여 치되, 동반경기자에게 자신의 실수를 인정하고 1 스트로크 더 치게 한다.

Rule 9. 홀에 볼을 넣을 때에 골프클럽이나 다른 무엇을 이용해서 그린에 라인을 표시해서는 안 된다.

Rule 10. 만약, 볼이 사람, 말, 개 또는 무엇인가에 의해서 멈췄을 경우에는 그 위치에서 볼을 쳐야 한다.

Rule 11. 스트로크할 때 클럽을 들어 올리고 나서 아래로 휘둘러 내렸는데, 클럽이 부러졌다면, 1 스트로크한 것으로 셈한다.

Rule 12. 홀에서 멀리 있는 볼부터 친다.

Rule 13. 링크스(Links) 보호를 위해서 만들어진 배수로나 도랑, 수채나 스콜라즈 홀이나 군대의 참호선은 해저드로 간주하지 않는다. 그래서 볼을 꺼내 아이언 클럽으로 샷을 해야 한다. (이 규정을 보면서 의아했던 것이 왜 굳이 아이언 클럽으로 쳐야 하냐는 것이다. 그 당시 시대 상황을 보면, 가죽으로 만든 골프 볼(Featherie)은 쉽게 부서질 수 있기 때문에 주로 우드를 사용해서 볼을 쳤는데, 아이언 샷을 하게 만든 것은 아마도 패널티를 주기 위해서 일부로 만든 규정으로 보인다.)

위 규칙 3과 규칙 8로 인해서 캐디는 골퍼가 친 공을 찾아야 하는 중요한 역할을 하게 된다.

포어캐디(Forecaddie)가 등장하게 되는 결정적인 계기는 기술과 규칙의 발달과 발전으로 시작되었다.

당시의 골프장 환경을 보자. 1502년에 스코틀랜드 퍼스에 최초의 골프장(Golf Site)이 만들어졌고 250년 후인 1754년에 최초의 골프 코스가 세인트 앤드류스에 만들어졌다.

초기 골프장들은 스코틀랜드 바닷가 근처에 만들어졌다. 그 당시 스코틀랜드 링크스(Links)의 거친 환경을 가진 골프 코스를 본다면 이해가 편하겠지만, 아쉽게도 그 당시 거친 환경을 제대로 표현한 사진이나 그림을 찾을 수가 없어서 가장 비슷했을 것 같은 골프 코스를 찾아보았다.

[그림 2-5] 태인 골프클럽의 18번 홀(hole)　　　　　　[출처: 태인골프클럽(tain-golfclub.co.uk)]

위의 사진은 골프의 아버지(Father of Golf)라 불리는 올드 톰 모리스(Old Thomas Morris, 1821-1908)가 1890년에 골프 코스 디자인을 한 태인 골프클럽(Tain Golf Club, Old Tom Morris's northern jewel)의 18번째 홀이다. 태인 골프클럽은 스코틀랜드 북부 바닷가 옆에 있는 골프 코스이며, 여전히 올드 톰 모리스가 초기 디자인한 형태가 그대로 남아있는 곳이기도 하다. [그림 2-6]는 태인 골프클럽 14번 홀인데, 그림을 자세히 보면 그림 하단에 13번 그린(13th Green)이라고 쓰여 있다.

위에 설명한 에딘버러 규칙 1번의 상황이 바로 이해가 될 것이다. 그 당시에는 티잉 구역이 없었고, 바로 전 그린에 티를 하고 티샷을 하고 있는 모습이 상상이 될 것이다. 즉, 13번 그린에서 티샷을 해서 14번 그린으로 이동하는 방식이다. 그림 하단에 있는 화이트, 엘로우, 레드는 각각 티잉을 하는 곳으로 처음 골프 코스가 만들어 졌을 때는 없었다.

포어 캐디를 알기 쉽게 설명하기 위해서 당시 골프장 환경과 규칙을 설명하였다. 그 당시 규칙에 의하면 볼을 바꿀 수 없었기 때문에 볼을 찾는 것이 매우 중요한 역할을 하는데, 골프를 치는 분들은 아시겠지만, 비가 많이 내리는 여름철에는 페어웨이의 잔디를 깎기 힘들기 때문에 볼이 어디로 날아갔는지 알면서도 볼이 간 것으로 짐작되는 곳에 가서 볼을 못 찾는 경우도 많이 있다. 대부분 볼이 잔디에 파묻히면서 볼을 못 찾게 된다.

요즘처럼 잔디 관리를 잘 하는 시대에도 볼 찾기가 쉽지 않은데, 초기 18세기 골프 환경에서 볼을 찾는 것이야 말로 너무 힘들었을 것이고, [그림 2-5]의 상황에서 골퍼가 친 볼을 캐디가 찾아야 한다고 상상해 보라. 볼이 떨어지는 곳에 있지 않고는 볼 찾는 것이 너무나도 힘든 일이었을 것이다.

그래서 그 당시에 골퍼가 볼을 치고 "포어(Fore)"라고 외치면, 볼이 떨어질 것이라고 예상되는 곳에 캐디가 먼저 가서 볼이 어디로 떨어지는지를 확인하였다. 포어(Fore)는 '앞쪽으로'라는 뜻으로 공이 앞으로 날아가니까 조심하라는 의미로 사용된다. 지금도 골프장에서 볼이 옆 홀로 넘어갈 때 캐디들이 보통 "볼(Ball)"이라고 외치는데 정확한 표현은 "포어"가 맞다. 포어 캐디는 현재에도 존재하지만, 점차 없어져 가는 추세이며 2019년 R&A 룰에서 공식적으로 포어 캐디라는 용어 자체가 삭제되었다.

[그림 2-6] 태인 골프클럽의 14번 홀

[출처: 태인골프클럽(tain-golfclub.co.uk)]

참고로, 골프의 성지라고 불리고 있는 세인트 앤드류스를 그린 [그림 2-7]을 소개하고자 한다. 영국 예술가인 프랭크 패튼(Frank Paton)[1]이 1880년부터 제작한 크리스마스 카드 시리즈의 일환으로 1894년 판화 에칭(Etching) 기법으로 만들어서 인쇄한 Royal and Ancient(St Andrews) 작품이다. 이 작품은 1798년 Royal and Ancient St. Andrews 골프클럽을 묘사한 것으로 메인 그림을 그리고 그 주위로 유머와 위트 있는 표현을 스케치로 표현하는 그의 작품 특성을 그대로 담고 있다.

[그림 2-7] Royal and Ancient St. Andrews Golf Print

메인 그림을 보면, 4명의 골퍼가 있고 그 중 한 골퍼가 홀 컵을 향해서 퍼팅을 하고 있는 중에 그의 캐디가 퍼팅하고 있는 골퍼 뒤에 무릎을 꿇고 앉아서 그린을 읽어 주고 있으며, 나머지 3명의 골퍼와 4명의 캐디가 퍼팅 장면을 구경하고 있다. 골퍼 4명은 비슷한 모양의 옷과 모자를 착용하고 있으며, 4명의 캐디들 또한 비슷한 복장과 모자 그리고 팔에 자연스럽게 클럽을 핸들링하고 있다.

메인 그림을 둘러싸고 있는 8개의 스케치는 골프에서 사용하고 있는 용어를 같은 발음이 나는 다른 단어를 이용해서 아주 재미있게 표현하고 있다.

좌측 제일 상단 스케치부터 시계 방향 순으로 설명하자면 다음과 같다.

첫번째 스케치는 'Starting From Scratch'와 함께 총 4마리의 고양이와 개가 그려져 있고, 개가 열심히 달려가고 있는데, 고양이가 바로 덮치는 듯한 박진감이 느껴지는 그림이다. 앞서가는 개는 뒤를 의식하고 바로 뒤 고양이는 앞만 보고 있다. 이 그림을 이해하기 위해서는 먼저 골프에서 사용하는 스크래치라는 용어를 알아야 한다. 스크래치는 핸디캡을 잡아 주지 않고 똑같은 상황에서 경기를 하는 것으로, 내기 시합에서 스크래치를 하자는 것은 본인 실력으로 승부를 겨루자는 의미이다.

두번째 스케치는 'Driven From the Tee'라는 글과 같이 그려져 있는데, 티는 각 홀마다 골프를 시작할 때 볼을 올려 놓는 것을 말한다. 이 그림은 같은 소리의 티(Tea)를 활용해서 한 사람이 높은 곳에서 홍차를 따르니까, 다른 두 사람이 홍차의 뜨거운 물이 튀면서 놀라 도망가거나, 의자에 올라가 있는 모습을 묘사하고 있다.

세번째 스케치는 'Having a Hole'과 함께 위험(Dangerous) 표시가 있는 빙판 위에 두 사람이 동시에 한 구멍에 빠져서 서로 먼저 빠져나오려고 애쓰고 있는 와중에 뒤에 두 사람은 뭐가 즐거운지 노래도 부르고 빙판을 즐기고 있는 모습이 그려져 있다. 이 그림은 스토로크(Stroke) 플레이가 아닌 매치(Match) 플레이에서 한 홀에서 동점 상황을 표현한 것이다. 해당 홀에서 동점인 경우를 Halve라고 한다.

네번째 스케치는 'A Heavy Driver'라는 글과 함께 뚱뚱한 마부(Driver)가 많은 사람들을 태우고 마차를 몰고 있는 모습이다. 말은 그려져 있지 않지만, 말을 조정하는 채찍이 있는 것으로 보아서 마차로 짐작이 된다. 골프클럽 중에서 가장 무겁고 긴 우드를 드라이버라고 칭하는데, 이 드라이버를 풍자한 그림이다.

다섯 번째 스케치는 'Four Up and Two to Play'라는 글과 함께 게임장에서 4개의 막대기 위에 코코넛을 올려 놓고 기다리는 신사 1명과 막대기를 던질 자세를 취하고 있는 숙녀 1명 이렇게 2명이 있고, 게임장에는 '3 shies a Penny'라고 써져 있다.

1 페니에 3번 던질 수 있다는 말로 빅토리아 시대의 박람회장에서는 막대기 위에 코코넛을 올리고 공이나 막대기를 던져서 코코넛을 떨어트리면 상금을 받는 게임이다. 'Four Up and Two to Play'의 의미는 매치 플레이 방식에서 사용되는 말로 매치플레이는 총 스코어로 계산해서 승부를 결정하는 스크래치 방식과 달리 매 홀마다 승부를 가르는데 이길 경우 업 Up, 질 경우 Down, 무승부 Halved(Tied)라고 하는데, Four Up은 네 개 홀 이기고 있는 상태에서 Two to

play 현재 (18홀 중에서 16홀까지 4개 홀을 이기고 있기 때문에) 남은 홀이 2개라는 의미로 사용될 수 있다.

여섯 번째 스케치는 'Putting Green'이란 글과 함께 녹색(Green) 페인트로 담장을 칠하고 있는 모습이다.

일곱 번째 스케치는 'Sand Bunker'라는 글과 함께 2명이 물에 빠져 살려 달라고 소리치는 와중에 2명의 남성이 물에 빠진 사람들의 옷을 들고 도망가는 모습이다. 이 그림이 의미하는 것은 아마도 벙커에 빠지면 빠져나오기 힘들기 때문에 매치플레이의 상대편 2명이 즐거워한다는 의미로 해석이 된다.

마지막 스케치는 'A Mashie'라는 글과 함께 3명의 신사가 한 명의 숙녀를 둘러싸고 한 사람은 무릎을 꿇고서 청혼하는 듯한 모습을 보이고 있으며, 다른 2명의 신사들도 그녀에게 반한 듯한 모습이다. 이 그림은 A Mashie와 발음이 같은 Mash를 표현한 것인데, 매쉬(Mash)는 '짓이기다', '으깨다'라는 뜻도 있지만, '반(하게) 하다', '구혼하다', '홀딱 반함'의 뜻도 가지고 있다. 골프에서 사용되는 매쉬(Mashie)라는 말은 프랑스어에서 클럽을 뜻하는 massue에서 온 것으로 샤프트가 나무로 만든 아이언을 말하며, 현재에는 아이언 5번을 매쉬[5]라고 한다.

Article and laws in Playing at Golf

1. You must tee your ball within one club's length of the hole.
2. Your tee must be on the ground.
3. You are not to change the ball which you strike off the tee.
4. You are not to remove stones, bones or any break club for the sake of playing your ball, except on the fair green, and that only within a club's length of your ball.
5. If your ball comes among water, or any watery filth, you are at liberty to take out your ball and bringing it behind the hazard and teeing it, you may play it with any club and allow your adversary a stroke for so getting out your ball.
6. If your balls be found anywhere touching one another you are to lift the first ball till you play the last.
7. At holeing you are to play your ball honestly for the hole, and not to play upon your adversary's ball, not lying in your way to the hole.
8. If you should lose your ball, by its being taken up, or any other way, you are to go back to the spot where you struck last and drop another ball and allow your adversary a stroke for the misfortune.
9. No man at holeing his ball is to be allowed to mark his way to the hold with his club or anything else.
10. If a ball be stopp'd by any person, horse or dog, or anything else, the ball so stopp'd must be played where it lyes.
11. If you draw your club in order to strike and proceed so far in the stroke as to be bringing down your club; if then your club shall break in any way, it is to be accounted a stroke.
12. He whose ball lyes farthest from the hole is obliged to play first.
13. Neither trench, ditch or dyke made for the preservation of the links, nor the Scholar's Holes or the soldier's lines shall be accounted a hazard but the ball is to be taken out, teed and play'd with any iron cub.

[에딘버러 13개 규칙 원문]

4. 프로골퍼(Professional Golfer)가 되기 위한 시대

19세기가 되면서 캐디들도 많은 변화를 겪게 된다.

그 당시 골프는 축구와 더불어 귀족들만이 즐길 수 있는 운동이어서, 평민들에게는 그 문을 열어주지 않았다. 귀족 전유물이었던 골프 그런데 19세기 스코틀랜드의 골프장에서는 캐디를 이용하는 일이 점차 증가했다. 어린 나이에 캐디를 하던 평민들이 당연하게도 골프에 관련된 것들을 배우기 시작하면서부터다. 위에서 언급했던 올드 톰 모리스도 14살 어린 나이에 세인트 앤드류스 골프장에서 세계 최초의 프로골퍼로 알려진 앨런 로버스톤(Allen Roberston, 1815-1859)의 제자가 되어서 페더리 볼 만드는 법과 클럽 만드는 법을 배우면서 동시에 골프를 배웠다. 이후 디 오픈(The Open)에서 1861, 1862, 1864, 1867 총 4회 우승 기록을 달성했다.

올드 톰 모리스의 아들이자 최초의 슈퍼스타였던 영 톰 모리스(Young Tom Morris, 1851-1875)는 캐디 출신이 아닌 프로골퍼로 더 유명했을 정도로 프로골퍼가 되기 위해서 캐디는 반드시 거쳐야만 하는 과정이 되었다. 슈퍼스타 영 톰 모리스는 1868년 17살 어린 나이에 디 오픈 우승을 시작으로, 이어 1869, 1870 3회 연속 우승을 하였고 1872에 다시 우승을 거머쥘 정도로 뛰어난 실력을 가지고 있었다. 비록 24살이라는 어린 나이에 요절한 그는 짧지만 골프 역사에 혁혁한 이름을 날렸고, 그의 경기가 열릴 때면 그를 보기 위해서 관중들이 구름떼처럼 몰렸다고 한다.

2009년 골프매거진이 조사한 최고의 골퍼에서 영 톰 모리스는 14위 그의 아버지 올드 톰 모리스는 19위에 랭크되었다.

이후 현대 골프의 창시자이자 아직까지 디 오픈 6회 우승이라는 기록이 깨지지 않고 있는 해리 바든(Harry Vardon, 1870-1937) 역시도 캐디 출신이다.

기록에 의하면, 1870년 세인트 앤드류스에 등록된 21명의 캐디 중에 3명이 디 오픈 우승자다. 1873년 톰 키드(Thomas Kidd), 1876년 밥 마틴(Bob Martin), 1883년 윌리 퍼니(Willie Fernie). 초기 캐디들은 코스 관리를 도왔으며, 1890년에 이르러 세인트 앤드류스의 캐디들의 노력으로 현대 골프의 혁신적 모습인 골프백을 고안함으로 인해서 골프클럽을 핸들링하기 쉬워졌다.

[그림 2-8] 모리스 부자

[출처: 위키피디아(www.wikipedia.org)]

> 미국의 캐디는 스코틀랜드와는 전혀 다르게 골프장 도제 방식이 아니라 캐디학교에 다녔으며, 대부분 어린 소년들이었고, 골프의 기본은 물론 캐디가 갖춰야 할 예의, 골프클럽 관리법까지 철저하게 배웠다고 한다.

한편 미국의 캐디는 스코틀랜드와는 전혀 다르게 골프장 도제 방식이 아니라 캐디학교에 다녔으며, 대부분 어린 소년들이었고, 골프의 기본은 물론 캐디가 갖춰야 할 예의, 골프클럽 관리법까지 철저하게 배웠다고 한다. 클럽의 감독관이 따로 캐디를 관리하는 엄격한 분위기가 있었지만, 많은 소년들이 캐디를 하려고 했던 데는 낮 시간의 근무를 마치면 저녁 시간대에 골프를 칠 수 있었기 때문이다.

실제로 1913년 US Open 우승자 프랑시스 위멧(Francis Ouimet), 1916년 US Open과 US Amateur을 동시 우승한 칙 에반스(Chick Evans), 1922년 US Open 우승자 진 사라젠(Gene Sarazen), 통산 메이저 9승 벤 호건(William Ben Hogan)[6], 사상 최초로 4개 메이저 대회를 우승한 샘 스니드(Samuel Jackson Snead)[7], 1922년 미국인으로 처음 디 오픈을 우승한 월터 하겐(Walter Charles Hagen)[8], 아직도 기록이 깨지지 않고 있는 메이저 18승·PGA 73승의 잭 니클라우스(Jack Nicklaus) 등 20세기 초반의 많은 프로골퍼들이 캐디 출신이다.

5. 하우스 캐디(House Caddie or Club Caddie)의 암흑기와 프로 캐디(Professional Caddie or Tour Caddie)의 등장

1918년 미국의 모든 주에서는 최소한 초등학교 단계까지를 의무교육 기간으로 지정하는 법안이 마련되었다.[9] 이를 계기로 캐디 교육을 받던 어린 아이들은 학교에 가게 되면서 캐디는 점차 인생 낙오자나 술주정뱅이 등 하류 계층의 단순한 일로 여겨지게 되었다.[10]

1950년대까지는 미국에서 캐디가 없는 골프클럽이 없었으며, 메이저 대회나 PGA투어를 개최할 때 선수들이 클럽 캐디를 사용하도록 했으며, 한 명의 캐디가 한 명의 골퍼에게 소속되어 라운드를 나간 것이 아니라 그 당시 골퍼들은 매주 새로운 캐디를 고용했다. 심지어 대회 당일 주차장에서 캐디를 고용했다고도 한다.[11]

또한 1950년대 미국에 카트가 도입되면서 하우스 캐디의 암흑기가 도래하였으며, 다른 한편으로는 1953년 탬오샌터 골프클럽(Tam-O-Shanter Golf Club)의 CEO 조지 메이(Gorge S. May)가 골프 대회를 전국에 방영시키고 그가 주최한 골프 대회에서는 엄청난 상금을 수여함으로써 골프의 폭 넓은 대중화를 이끌었다. 그로 인하여 골퍼들의 수입이 증가되면서 본격적으로 투어 캐디[12]가 생겨나게 되었고, 그가 최초로 회원들에 한해서 카트를 전격적으로 도입하는 바람에 하우스 캐디들이 점차 사라지게 된다.

하우스 캐디들이 없는 골프장에서 캐디를 구할 수 없는 프로골퍼들은 투어 대회를 함께할 프로 캐디를 구하게 되었다.

이렇게 한때 캐디는 별 볼 일없는 사람들을 위한 직업이었다. 하지만, 1980

년대 들어 대회의 상금이 급증하면서, 가장 각광받는 직업으로 떠오르기 시작했으며, 국내에서도 캐디라는 직업은 고수익업종으로 알려져 있다.

과거의 캐디(Caddie or caddy)가 하는 일은 골퍼의 클럽을 운반하는 단순한 일이었지만, 현대의 캐디는 다른 운동경기의 코치와 같이 골프 코스의 장애물 등과 거리 등을 파악해서 골퍼들에게 어떤 클럽으로 공략하는 것이 제일 좋은 지 등에 대해서 조언하는 일 등을 하고 있다.

6. 한국적 캐디의 시작

1950년대 하우스 캐디의 암흑기와 프로 캐디의 탄생을 거쳐 2000년대 들어서 한국적 캐디가 생겨나게 된다.

한국적 캐디의 등장은 한국 골프장에 캐디가 대중화되기 시작한 2000년대부터다.

2000년대 한국적 캐디가 등장하기 전 캐디가 어떤 역할을 했는지에 관해서는 1989년도에 캐디의 근무여건을 알기 위해 2013년 프레시안의 기사를 인용하였다.[13] 기사 내용은 다음과 같다.

'캐디들의 주된 업무는 내장객의 골프 가방과 모래주머니를 메고 라운드를 돌면서 골프채를 꺼내 주고 숲 속에 들어간 공을 찾아주며 흙으로 더러워진 공을 닦아주는 등 내장객에게 서비스를 제공하고, 잔디가 팬 곳을 모래로 메우는 것 등이다. 잔디 파손 부분의 손질은 골프 규칙상으로는 경기인인 내장객의 의무로 되어 있지만 보통 캐디가 담당한다. 경기 진행이 늦을 경우 캐디들이 회사로부터 제재를 받게 되어 경기 진행 속도도 조절해야 하고, 근무 도중에는 회사

의 지시 사항과 수칙을 준수해야만 한다.'

불과 30년 전 캐디는 고객의 골프백을 들어주고, 골프클럽을 꺼내 주고, 볼을 찾아 주고, 그린에서 볼을 닦아주며, 모래 주머니를 메고 다니면서 배토를 하고, 경기를 원활하게 진행하는 일을 했다.

하지만 현재 2020년 캐디는 골퍼와 함께 경기장에 들어갈 수 있는 유일한 존재로서, 경기를 진행하는 진행자이며 골프 코스에 대해서 자세하게 설명하고 조언하는 조언자, 골프클럽 선정에 도움을 주는 도우미, 그린에서 라인을 봐주는 코치, 경기의 모든 것을 현장에서 확인하고 기록하는 일도 담당하는 다양한 역할을 하는 존재로 변해왔다.

> 불과 30년 전 캐디는 고객의 골프백을 들어주고,
> 골프클럽을 꺼내 주고, 볼을 찾아 주고,
> 그린에서 볼을 닦아주며, 모래 주머니를 메고 다니면서
> 배토를 하고, 경기를 원활하게 진행하는 일을 했다.

[표 2-1] 캐디 연대기(Chronicle)

구분	년도	인물/키워드	내용
보디가드	1457	골프 금지법	골프와 축구를 금지하는 스코틀랜드 의회 제정법
	1502	스코틀랜드 퍼스(Perth)	최초의 골프 장(Golf Site), 스코틀랜드 왕 제임스 4세가 기록상 처음으로 퍼스에서 골프클럽을 구매함
	1542	메리(Mary Stuart) 여왕	태어남
	1548	메리 여왕	프랑스 망명, 르 카뎃(Le Cadet)이 경호하면서 골프클럽을 가지고 다님
	1561	메리 여왕	스코틀랜드 귀국
	1587	메리 여왕	사형
	1610	카뎃(Cadet)	영어 사전에 등재
포터	1634	캐디(Caddie)	최초로 기록됨, 포터(Porter), 심부름꾼이라는 의미로 사용됨
	1711	캐디(Caddie Cady, Caddy, Cadie)	에딘버러 소사이어티(Edinburgh Society)에서 처음 만들어짐
	1730	캐디(Caddie)	포터(Portoer)라는 의미로 사용됨 (The Shorter Oxford Dictionary)
포어 캐디	1743	페더리(Featherie) 볼 사용	가죽으로 볼 모양을 만든 다음 물에 적신 거위털을 가득 채워 명주실로 꿰맨 후 사용 함. 아무리 견고해도 2라운드를 넘기기 힘들었다고 함
	1744	에딘버러(Gentlemen Golfers of Edinburgh)	최초의 13개 골프 룰(Articles and Laws in Playing at Gilf)이 생김
	1754	세인트 앤드류스 올드 코스 (St Anderews Old Course)	최초의 골프 코스
프로골퍼	1821~1908	올드 톰 모리스 (Old Tom Morris)	전설적인 골프선수로서 세인트 앤드류스 링크에서 캐디를 했었고, 14살에 세계 최초의 프로골퍼인 앨런 로버스트슨(Allen Roberston)의 제자가 됨, 메이저대회 4회 우승, 2005년 캐디 명예의 전당
	1833~1903	윌리 파크 시니어 (William Park Sr.)	캐디 출신으로 프로골퍼의 선구자였으며, 메이저대회 4회 우승 2005년 캐디 명예의 전당
	1845	구타 페르챠 (Gutta Percha)	고무나무 수액에서 채취한 생고무로 만든 볼

구분	연도	항목	내용
프로골퍼		세인트 앤드류스 올드 코스	최초의 18홀 골프 코스
	1857	골프백	이전까지는 캐디가 골프클럽을 운반하기 위한 골프백이 없었다. 즉, 골프클럽을 여러 개 번들로 가지고 다님(The Shorter Oxford Dictionary)
	1860	디오픈(The Open)	1860년 10월 17일 최초로 개최 윌리 파크 시니어 우승, 올드 톰 모리스 준우승
	1860	딤플(Dimple)	홈이 있는(지금의 딤플) 구타 페르차가 만들어짐
	1870–1937	해리 바든(Harry Vadon)	캐디 출신으로 현대 골프의 창시자로 일컬어짐 The Open 6회 우승, 바든 그립(Grip) 창시자
	1875–1918	오스카 번(Oscar Bunn)	캐디를 하면서 골프를 배웠으며, 미국 원주민 골퍼의 개척자로 19세 1896년 US Open참가함, 1900년 09월 22일 The Brooklyn Daily Eagle에 "Shinnecock Indians Good Golf Caddies"라고 해드라인을 장식함
	1890–1979	칙 에반스(Chick Evans)	8살에 캐디 시작, 1916년에 US Open과 US Amateur 우승
	1893–1967	프랑시스 위멧(Francis Ouimet)	11살에 캐디를 시작하여 1913년 US Open 우승, 아마츄어 골퍼의 아버지라 불림, 골프의 대중화를 이끔 1999년 캐디 명예의 전당에 헌액됨
	1895	유에스오픈(US Open)	1895년 10월 04일 최초로 개최 영국의 호래스 로린스(Horace Rawlins) 우승
	1898	고무 코어 볼	발리타 볼이라는 고무 코어 볼로 대체
	1902–1984	에디 로워리(Eddie Loery)	1913년 위멧의 US Open 당시 10살의 캐디, 1999년에 캐디 명예의 전당
	1902–1999	진 사라젠(Gene Sarazen)	6학년 때 학교를 그만두고 캐디가 됨 1922년에 US Open 우승 포함 메이저 7승, PGA 39승
	1930	칙 에반스(Chick Evans)/ 캐디 장학 재단	캐디를 위한 에반스 장학 재단 (Evans Scholars Foundation) 설립
	1940–	잭 니클라우스(Jack Nicklaus)	아버지의 캐디로 시작해서 메이저 18승, PGA 73승의 기록 보유자
프로 캐디	1950년대	카트	미국 카트 도입(캐디의 암흑기 & 프로 캐디의 시대 도래)
	1989	한국 캐디의 역할	골프백운반, 골프클럽전달, 볼 찾기, 라운드 중 배토작업, 경기 진행 등
한국적 캐디	2000	카트	한국 카트 도입 본격화(한국적 캐디의 등장)

SECTION 3   최초의 캐디는 누구일까?

왜 "볼(Ball)"이라고 소리칠까?

처음 골프를 접하는 사람들에게는 "볼"이라고 소리치는 것에 대한 궁금증이 많을 것이고, 왜 볼이라고 소리쳐야 하는지에 대한 의문도 있을 것이다. 앞 장에서 이야기한 것처럼 정확한 표현은 "볼(Ball)"이 아니라 "포어(Fore)"다.

지금은 "포어"라고 소리치는 이유가 옆 홀이나 앞으로 볼이 가서 다른 골퍼가 그 볼에 맞을 가능성이 조금이라도 있을 경우에, 볼이 그쪽으로 갈 수 있을지 모르니 조심하라는 의미로 "포어"라고 크게 소리쳐서 주의를 주는 것이다.

그래서 라운드 중에 "포어"라는 단어를 심심치 않게 들을 수 있고, 이 말을 들으면, 볼이 어디서 날아올 지 모르니, 일단 주위를 살피고 볼에 맞지 않도록 주의를 기울여야 한다.

1 최초의 캐디는 앤드류 딕슨

역사적으로, 최초의 캐디로 기록된 사람은 앤드류 딕슨(Andrew Dickson)이다. 앤드류 딕슨은 1681년 스코틀랜드의 리스 링크스(Leith Links[14])에서 열린 영국과 스코틀랜드 골퍼들의 골프경기(the Duke's golf match)에서 어린 나이에 제임스 7세(James Ⅶ) 요크 공작(Duke of York)의 포어 캐디(Fore-caddie)가 되었다고 한다.

요크 공작이 경기 중에 볼을 치면, 앤드류 딕슨이 미리 볼이 올 곳에 가서 볼을 찾아주는 역할을 했다.
이 때, 가설이 등장한다.
포어 캐디는 볼을 찾기 위해서 미리 앞에 나가 있는데, 볼을 쳤다는 의미로 "포어"라고 외쳤다는 설과 친 볼이 방향이 너무 나빠서 캐디에게 경고하기 위해서 "포어"라고 했다는 설이다.

역사의 진실은 정확하게 알 수가 없지만, 그 당시 골프 볼은 새의 깃털(featherie)로 만들어서 매우 비싸고 만들기 힘들었으며, 골프 룰에 따라 'One hole, One ball' 한 홀에서는 볼 한 개를 사용해야 했기 때문에 볼이 어디에 떨어지는지를 확인하고 위치를 알려주는 캐디의 역할이 매우 중요했다. 그래서 그 당시 캐디는 포어 캐디의 줄임말이라고 볼 수 있다.

앤드류 딕슨은 후에 골프클럽메이커가 되었고, 그가 죽은 지 약 300년 후인 2003년에 캐디 명예의 전당에 그 이름을 올렸다. 앤드류 딕슨 뿐만 아니라 그 당시 캐디들은 다재다능(多才多能)해서 캐디 한가지 일만 한 것이 아니라 골프클럽제작자, 코스관리자, 코스설계자 등 다양한 일을 하였다고 한다.

여기서 잠깐, 포어 캐디가 "포어"를 보다가 볼을 건드릴 경우 처리 방법은? 포어 캐디를 고용한 사람이 골퍼면, 골퍼에게 페널티가 가고, 경기 위원회에서 고용했다면 페널티 없이 볼이 원래에 있던 위치에 놓고 다시 플레이해야 한다.

앤드류 딕슨 시대에는 포어 캐디가 골퍼에게 직접 고용되는 관계였지만, 현대에 와서 포어 캐디는 경기 진행을 빠르게 하기 위해서 경기 위원회에 고용되기 때문에 골퍼 한 명의 볼 만을 보는 것이 아니라, 해당 라운드에 포함된 모든 골퍼들의 볼을 찾아 표시해 주거나 볼의 위치를 알려준다. 또한 캐디가 골퍼의 클럽을 운반(Transfer)하고, 핸들링(Handling)해 주며, 클리닝(Cleaning)해 주며, 정보(Information)와 어드바이스(Advice)를 제공하지만, 포어 캐디는 이러한 일을 하지 않는다.[5]

앤드류 딕슨만큼 초기 캐디로서 잘 알려진 사람은 스코틀랜드 남부 에딘버러(Edinburgh)의 브런츠필드(Bruntsfield)에서 활약한 윌리 군(Daft)이다. 윌리 군은 브런츠필드의 캐디로서도 유명하지만, 아래 그림처럼 외투를 여러 겹 껴입고 다니는 그의 특이한 복장 때문에 더욱 유명했다. 그리고 그 당시에는 대부분 어린 소년들이나, 골프와 관련 있는 나이든 사람들이 캐디를 했는데, 유독 윌리 군만 골프와 관련도 없었고, 나이도 많은 캐디로, 단지 생계를 위해서 캐디를 했던 최초의 사람이었기 때문에 더 유명했다고 한다.

영국에서는 앨런 로버트슨(Allan Robertson, 1815-1859)과 올드 톰 모리

[그림 3-1]
캐디 윌리 군
(Daft Willie Gunn)

[출처: http://bringbackthehandtools.blogspot.com/]

스(Old Tom Morris, 1821-1908), 그리고 1860년 디 오픈 최초의 우승자인 윌리 파크(Willie Park Sr., 1833-1903) 등도 모두 캐디 출신이었다. 포어 캐디 중 가장 유명한 사람은 밥 퍼거슨(Bob Ferguson, 1846-1915)이다. 머슬버러 출신인 퍼거슨은 8살에 캐디를 시작한 것으로 알려져 있다. 머슬버러 골프장(Musselburgh Links) 소속인 그는 홈구장에서 열린 디 오픈에서 1880년부터 1882년까지 3년 연속 우승을 했다.

2 미국 최초의 캐디

그렇다면 최초로 미국에서 캐디 생활을 했던 사람의 이름은 존재할까? 애석하게도 기록이 없다. 골프가 영국에서 미국으로 건너오던 19세기 말에 동시 다발적으로 미국 전역에서 골퍼들이 증가했음을 감안하면 수백, 수천의 캐디 중 누가 먼저인지를 규정짓는다는 사실 자체가 모순이다.

골프의 역사를 바꾼 가장 커다란 사건은 1913년 US Open이다.

이 대회를 계기로 골프가 대중화되었으며, 골프가 유럽 특히 영국 중심에서 미국으로 옮겨간 결정적인 사건이기 때문이다. 이 대회는 영국의 자존심 해리 바든(Harry Vardon, 1870-1937)과 캐디 출신이며 아마츄어 골퍼인 미국의 프란시스 위멧(Francis Ouimet, 1893-1967)과의 연장 승부를 벌인 경기로 2005년 '내 생애 최고의 경기(The Greatest Game Ever Played)'라는 이름으로 영화화되기도 하였다.

이 경기에서 프란시스 위멧의 캐디가 바로 [그림 3-2]의 에디 로워리(Eddie Edgar Lowery, 1902-1984)라는 10살 소년이다. 로워리는 나이에 걸맞지 않게 노련한 캐디 역할을 했으며, 위멧이 우승하는데 결정적 역할을 했다. 로워리는 미국에서 열린 공식 골프 경기 기록에 남겨진 최초의 캐디[6]로 알려져 있고, 후에 백만장자가 된다. 재미있는 사실은 가난한 환경에 태어난 해리 바든도 10대 때 캐디를 했었고, 프란시스 위멧 또한 가난한 이주 노동자 집안에서 태어났지만, 메사츄세츠주 브룩클린의 더 컨츄리 클럽(The Country Club)의 17번 홀 건너편에서 살았기 때문에 11살부터 캐디를 했다는 사실이다.

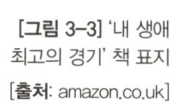

[그림 3-2] 가운데 하얀 타월을 두른 에디 로워리(Eddie Lowery)
[출처]: Wikipedia

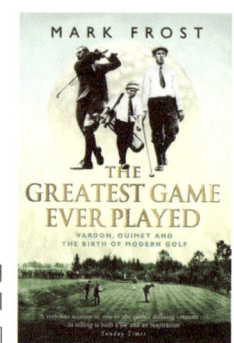

[그림 3-3] '내 생애 최고의 경기' 책 표지
[출처]: amazon.co.uk

3 한국 최초의 캐디

한국 최초의 캐디는 누구일까?

1940년 11월 일본에서 발행된 조선골프소사에 의하면 한국에 골프가 처음 전해진 것은 1897년 무렵으로 고종 황실의 고문으로 온 영국인들이 함경남도 원산항 세관구내에 6홀의 코스를 만들어 놓고 골프를 즐겼다는 기록이 있다. 1921년 조선철도국 산하 조선호텔부속시설로 효창원 내 9홀 규모의 골프 코스로 개장하였으나 코스가 협소해서, 코스 밖으로 날아간 볼로 인해 골퍼와 행인 간에 다툼이 잦았다고 하며, 4년 뒤 1924년 청량리로 이전하여 16홀 코스를 개장하고 경성골프클럽을 설립하였다. 1930년에 한국 최초 정규 18홀이 지금의 어린이대공원 자리인 군자리에 서울컨트리클럽이 만들어졌다.

일제강점기 시대의 골프와 왕릉은 많은 연관관계를 가지고 있다.

용산구에 있던 효창원이 효창원골프장(1921)으로, 성북구에 있던 의릉이 청량리골프장(1924)으로 광진구 유릉이 군자리골프장(1929), 고양시에 있던 서삼릉이 한양골프장(1964), 뉴코리아골프장(1966)으로 노원구에 있던 태강릉이 태릉골프장(1966)이 되었다.[17] 1921년 효창원골프장에서 클럽을 들고 다니던 소년들이 한국 캐디 역사의 시작이라고 한다. 영국, 미국과 마찬가지로 한국 골프계의 전설들도 캐디 출신들이 많다. 1941년 한국인 최초로 일본 오픈에서 우승한 연덕춘[18](1916-2004), 그의 제자였던 한장상[19](1941-), 한국프로골프협회 최다승인 43승을 기록한 최상호(1955-), 박세리 이전 한국프로골프의 선구자였던 구옥희[20](1956-2013)도 캐디 출신이다.

기록으로 보면 한국 최초의 캐디는 연덕춘으로 그의 나이 14살이던 1930년에 경성골프구락부 군자리 코스의 캐디 보조로 시작하여 클럽을 매고 다니면서 어깨 너머로 골프를 배워 한국 최초의 프로골퍼 1위가 되었다.

골퍼가 아닌 캐디로서 골프장에서 정식으로 모집하여 국내 캐디 1호가 된 사람은 최갑윤이다. 그는 15살 중학생이던 1957년에 미군들이 골프 연습을 하는 곳에서 볼을 주워 주는 대가로 팁을 받았다고 하며, 1960년에 개장한 서울 C.C.의 정직원이 되었고, 1963년에 정식 캐디가 되었다. 1960년대 골프장이 증가하면서 캐디의 수요가 점차 늘게 되면서, 여자 캐디들이 등장하였고, 그 후 한국에서는 캐디가 여성들의 직업이라는 인식이 자리잡게 되었다.[21]

[그림 3-4] 군자리 코스
[출처: koreaopen.com]

SECTION 4 가장 유명한 캐디는 누구일까?

골퍼들을 위해서 1974년에 세계 골프 명예의 전당(Worldgolfhalloffame. org)이 만들어졌다. 골프 명예의 전당은 미국 플로리다 주 세인트 존스 카운티(St. Johns County)의 월드 골프 빌리지(World Golf Village)[22]에 박물관이 있으며, 국적이나 성별에 관계없이 위대한 골프선수를 기념하기 위해서 만들어졌고, 나아가 그들의 유산을 보존하려는 목적을 가지고 있다.

이와 별도로 캐디를 위한 명예의 전당(caddiehalloffame.org)은 프로 캐디 협회에서 1999년에 만들어졌고, 매년 캐디 명예의 전당에 이름을 올린 사람들은 캐디 출신이거나, 캐디라는 직업과 역할에 대하여 사회적으로 공헌한 사람들을 대상으로 선정되었다.

본 장은 캐디 명예의 전당에 올라 있는 캐디들을 대상으로 하여 구성하였다. 캐디 명예의 전당 초기 화면에 등장하는 인물은 총 5명이다.

잭 니클라우스(2013, Jack Nicklaus), 칙 에반스(1999, Chick Evans), 머

[그림 4-1] 가장 최근(2019년)에 캐디 명예의 전당에 입회한 조 라카바

[출처: 캐디 명예의 전당]

레이 브라더스(2015, Murray Brothers), 본즈 멕케이(2107, Jim "Bones" Mackay), 조 라카바(2019, Joe LaCava)다.[23]

아직도 그 기록이 깨지지 않고 있는 메이저 18번 우승이 빛나는 잭 니클라우스, 잭 니클라우스는 황금 곰(Golden Bear)이라는 별명으로 잘 알려져 있으며, 어렸을 때 그의 아버지 챨리(Charlie)의 골프백을 들던 캐디 출신이다.

영원한 아마추어 골퍼가 되고 싶었던, 1916년 US 오픈과 US 아마추어 동시 우승에 빛나는 칙 에반스(Chick Evans). 그의 이름이 캐디 역사에서 빠질 수 없는 이유는 그가 우승 상금을 개인적으로 사용하지 않고 캐디들을 위한 장학재단을 설립하는 데에 사용하였기 때문이다. 1930년에 설립된 에반스 장학 재단(Evans Scholars Foundation)은 당시 캐디들 중에서 대학교육을 받고자 하는 사람들을 지원하는 재단인데, 이 재단은 설립 이래로 1만 1천명 이상의 장학생과 4억 4천만 달러 이상을 장학 사업에 투자하였다.

1980년에 방영된 코미디 영화 캐디쉑(Caddyshack)은 빌 머레이(Bill Murray)와 그의 다섯 형제의 경험을 바탕으로 제작되었고, 이 영화에 빌 머레이가 직접 출연하였다. 캐디쉑 영화로 인해서 캐디라는 직업을 대중들에게 널리 알렸기 때문에 머레이 형제들이 캐디 명예의 전당에 입회하였다.

> 캐디쉑 영화로 인해서 캐디라는 직업을 대중들에게 널리 알렸기 때문에 머레이 형제들이 캐디 명예의 전당에 입회하였다.

[그림 4-2] 영화 캐디쉑 포스터
[출처: IMDB.com]

1992년부터 2017년까지 25년간 필 미켈슨(Phil Mickelson)의 영광(메이저 5회 우승)을 함께 했으며, 골프에서 캐디의 역할이 얼마나 중요한지 다시 한번 알게 만들어준 본즈 멕케이. 여기서 재미있는 것은 멕케이 앞에 붙은 '본즈(Bones)'라는 별명은 PGA투어 선수인 프레드 커플스(Fred Couples)가 190센티미터가 넘는 장신의 멕케이를 기억하지 못했던 1990년에 만들어졌다고 한다. 영원한 2인자 필 미켈슨과 헤어진 멕케이는 2017년부터 미국 NBC방송 골프 채널의 해설가로 활약하고 있다.

의리의 캐디 조 라카바는 2011년 타이거 우즈가 가장 어려운 시기에 떠오르는 신예 골퍼 더스틴 존슨(Dustin Johnson)[24]과의 계약을 해지하고 타이거 우즈의 캐디가 되어 2012년과 2013년 6승을 거두며 타이거 우즈가 세계랭킹 1위가 되는데 많은 역할을 하였다. 이후 타이거 우즈가 아파서 경기에 제대로 나가지 못했을 때도 그와의 의리를 지키며 그의 곁을 지켰다. 조 라카바는 그의 사촌인 켄 그린(Ken Green)의 캐디로 시작해서, 프레드 커플스와 함께 1992년 마스터스와 1996년 플레이어스 챔피언십을 포함한 12번의 PGA투어 우승을 기록했고, 이후 더스틴 존슨, 데이비스 러브 3세(Davis Love III), 저스틴 레오나르드(Justin Leonard)의 캐디로도 활약했다.

타이거 우즈의 최고의 전성기를 함께한 캐디는 2014년 캐디 명예의 전당에 오른 스티브 윌리엄스(2014, Steve Williams, 1963~)다.

[그림 4-3] 스티브 윌리엄스와 타이거 우즈 [출처: 캐디 명예의 전당]

골프 대회에서 우승한다는 것은 그 선수가 가지고 있는 기본적인 기량이 뛰어나기 때문이다. 골퍼가 잘 쳐야 우승을 할 수 있지만, 여기에 캐디의 역할이 더해져 우승이 바뀔 수도 있다. 이러한 적절한 사례가 바로 '킹메이커', '황제 캐디'라고 불렸던 스티브 윌리엄스다.

스티브 윌리엄스는 가장 최근에는 제이슨 데이[25]의 캐디였으며, 피터 톰슨[26], 이안 베이커-핀치[27], 그렉 노만[28], 레이 플로이드[29]의 캐디였고, 골프 황제 타이거우즈(Tiger Woods)[30]의 캐디가 되어 1999년부터 2011년까지 12년동안 메이저대회 13승을 포함하여 72승을 합작했다. 그런데, 2013년 마스터즈에서는 스티브 윌리엄스가 타이거 우즈의 골프백을 맨 것이 아니라, 메이저대회 우승은 없지만 무서운 신인 아담 스콧(Adam Scott)의 골프백을 매고 있었기 때문에 많은 갤러

리들의 주목을 받게 되었다.[31]

 스티브 윌리엄스라는 '황제 캐디'가 없는 '골프 황제' 타이거 우즈의 우승이냐? 스티브 윌리엄스라는 '킹메이커'를 영입한 아담 스콧이라는 신예의 우승이냐? 3라운드까지 타이거 우즈가 3언더(-3), 아담 스콧이 6언더(-6)로, 마지막 4라운드가 시작되자 그 관심은 더욱 더 증가되었고, 갤러리들은 타이거 우즈와 아담 스콧의 경기에 집중하게 되었다.

 결과적으로 킹 메이커와 함께한 아담 스콧이 9언더로 우승을 하였고, 타이거 우즈는 5언더로 공동 4위를 기록하였다. 이로써 스티브 윌리엄스는 14번의 메이저 대회에서 우승자 캐디가 되었다. 아담 스콧이 우승 후 텔레그래프(The Telegraph)와의 인터뷰 내용을 소개하자면, 아래와 같다. 이를 읽어보면, 골퍼에게 캐디라는 존재가 얼마나 중요한 역할을 하고 있는지 자연스럽게 알게 된다.

 상황1. 10번 홀(4라운드까지 동점이어서 우승을 가리는 연장 1번 홀)에서 버디 퍼팅을 남겨둔 상황 여기서 버디를 하면, 우승자가 된다.
 상황2. 비는 내리고, 설상가상으로 어두워서 라인을 보기 힘들다.
 상황3. 땅거미가 져서 어두워지니, 브레이크 포인트를 읽을 수가 없다.
 이렇게 어려운 상황에서 아담 스콧은 그의 캐디 스티브 윌리엄스를 불렀다.

 "나는 퍼팅을 할 때 캐디에게 너무 많은 도움을 받지 않지만, 너무 어두워져서 그린을 거의 볼 수가 없는 상황이었어요. 그런데, 스티브 윌리엄스는 이 골프 코스에서 엄청나게 많은 퍼팅을 보았을 것이고, 그의 기억 속에서 라인을 기억해 낼 수 있을지도 모른다는 생각이 들었어요."

이 때 아담 스콧은 11미터 정도 남은 퍼팅의 브레이크 포인트가 홀 컵 좌측 한 컵 정도 일거라고 생각했다. 이에 윌리엄스는 "아담 스콧은 홀 컵 좌측 한 컵 정도라고 이야기했지만, 제가 그랬죠. 네가 생각하는 것보다 라인을 더 보아야 한다. 최소한 홀 컵에서 좌측으로 2컵이다."

대회가 끝난 후 그렉 노먼은 "스티브가 고개를 흔드는 것을 볼 수 있었고, 라인을 읽는 것에 대해서 스티브는 아담과 다른 생각을 했고, 스티브의 의견에 따라 버디 펏(Putt)이 되었다. 캐디가 스티브 윌리엄스였기 때문에 신뢰할 수 있었을 것이다."라고 말하였다.

6살 때부터 캐디를 시작한 스티브 윌리엄스는 14개의 메이저 대회를 포함하여 75회 이상의 우승을 경험했고, 그의 순자산은 2천만 달러이며, 일반 캐디가 우승 상금의 10%를 받는 반면, 그는 무려 15%를 받는다. 타이거 우즈의 캐디였을 때, 연봉과 보너스를 포함해서 최소 1200만 달러를 벌었다고 한다.[32]

[그림 4-4] 2013년 마스터즈에서 우승한 후 10번 그린에서 환호하고 있는 아담 스콧과 스티브 윌리엄스

[출처: augusta.com]

이외에도 캐디 명예의 전당에는 아래와 같이 유명한 캐디들이 있다.

1999년 프로 캐디 협회(Professional Caddies Association)와 캐디 명예의 전당을 설립하고, "캐디처럼 생각하고, 프로처럼 플레이하라(Think Like a Caddie, Play Like a Pro)와 가장 힘든 샷 마스터하기(Mastering Golf's Toughest Shots)"의 공동 저자인 데니스 콘(2011, Dennis M. Cone)

윌리 스톡스(2006, Willie Lee "Pappy" Stokes, 1920~2006)는 오거스타 내셔날 골프클럽(Augusta National Golf Club)에서 캐디의 할아버지로 불린다. 그는 가장 어린 캐디였던 1938년 헨리 피카드[33], 1948년 클라우드 하먼(Claude Harmon), 1951년과 1953년 벤 호겐(Ben Hogan), 1956년 잭 버커 주니어(Jack Burke, Jr), 4명의 다른 그린 자켓(마스터즈 우승자의 상징)의 주인공의 캐디를 했던 유일한 인물이다.

앤젤로 아르기아(1999, Angelo Argea, 1929~2005)는 잭 니클라우스의 캐디로 유명하다. 1963년 그의 나이 34살에 잭 니클라우스의 캐디가 되어 20년 이상을 그의 캐디로 활동했으며, 그 기간 동안 잭 니클라우스의 PGA 40회 우승을 도왔다. 캐디로서 아르기아의 첫번째 메이저 우승은 1975년 PGA 챔피언쉽이다. 참고로 1970년대 중반까지 메이저 대회에서는 플레이어 개인이 고용한 캐디와 함께 플레이할 수 없었다.

마크 코완(1999, Michael Thomas "Fluff" Cowan, 1948~)은 40년간 활동한 투어 베테랑이자 가장 유명한 캐디 중 한 사람이다. 1978년부터 1995년까지 피터 자콥슨(Peter Jacobson), 1996년부터 1999년까지 타이거 우즈, 1999년부

[그림 4-5]
마크 코완과 짐 퓨릭

터 짐 퓨릭(Jim Furyk)의 캐디로 활동하고 있다. 코완은 프로골퍼이자 방송인 스티브 멜닉(Steve Melnyk)과 닮았다고 해서 "Fluff"라는 별명을 얻었다. 1997년 마스터즈 토너먼트에서 타이거 우즈와 함께 우즈의 첫번째 메이저 대회 우승을 도왔으며, 2003년에는 짐 퓨릭과 US 오픈 우승의 영광을 누렸다.

미주

1-5

1) 부르봉(Bourbon)의 어원은 켈트어로 진흙(Borvo 혹은 Borbo)를 뜻하며, 부르봉 왕가는 1272년 루이 9세의 막내 아들인 로베르 드 프랑스(Robert de France)로부터 시작된다. 부르봉 왕조는 프랑스에서 1589년부터 1791년까지 그리고 1814년부터 1830년까지 지속되었으며, 에스파냐에서는 1701년부터 통치하였고, 이외에도 나바르, 프랑스, 스페인, 양시칠리아, 룩셈부르크, 안도라, 루카, 파르마와 같이 유럽의 여러 나라를 다스렸고, 여러 분파로 나뉘었다. 출처:위키피디아

2) 출처: "A History of Golf" by Roger McStravick, St. Andrews Golf Press, 2017.

3) 18세기 중반 에딘버러(Eddinburgh)의 역사가 윌리엄 매트랜드(William Maitland)가 캐디에 대해서 설명한 것이며, 그 당시 캐디는 에딘버러에 대한 전문 지식을 얻기 위해 고용된 가이드 역할을 했다고 한다. 1824년 로버트 챔버스(Robert Chambers)가 캐디를 묘사할 때는 가이드 역할을 하던 캐디는 존재하지 않았으며, 그 후 1821년-1830년까지 캐디는 물 운반을 하는 물 운반 업자라는 의미로 사용되었다고 한다.

4) 프랭크 패튼(1855-1909)은 빅토리아 시대와 에드워드 시대의 영국 예술가로서 동물 그림과 시골 풍경을 주로 그렸으며, 1880년에서 1909년 사이에 출판된 크리스마스 카드 시리즈 인쇄본으로 유명하다.

5) 20세기 우드를 샤프트로 한 아이언의 이름은 1번 아이언을 드라이빙 아이언(Driving Iron), 2번 아이언을 미드 아이언(Mid-iron), 3번 아이언을 미드 매쉬(Mid-Mashie), 4번 아이언을 매쉬 아이언(Mashie Iron), 5번 아이언을 매쉬(Mashie), 6번 아이언을 스페이드 매쉬(Spade Mashie), 7번 아이언을 매쉬 니블릭(Mashie-Niblick), 8번 아이언을 피칭 니블릭(Pitching Niblick), 9번 아이언을 니블리(Niblick), 현대에 치퍼(Chipper)와 유사한 샤프트가 짧고 로프트가 가장 낮은 아이언을 지거(Jigger)라고 했다.

6-7

6) 1912년 미국 텍사스주 더블린에서 태어난 호건의 본명은 윌리엄 벤저민 호건(William Benjamin Hogan)이다. 9세 때 아버지의 자살로 불우한 시절을 보냈고, 캐디 일을 하면서 어깨 너머로 골프를 익혔다. '현대골프의 아버지'라고 불리우며, 골프 역사상 두번째 '커리어 그랜드 슬래머'다. 1946년 PGA 챔피언쉽, 1948년 US오픈, 1951년 마스터스, 1953년 디오픈에서 우승을 하였으며, 1953년에는 마스터스와 US오픈, 디오픈 등 메이저 3연승을 하였다. 메이저 9승을 포함해 미국프로골프(PGA)투어 통산 64승을 거두었다. 샘 스니드(82승), 우즈(79승), 잭 니클라우스(73승)에 이어 다승부문 4위다. 호건의 스윙이 '현대골프의 시초'로 평가받는 이유는 34세까지 악성 훅이 문제가 되어 메이저 우승이 없었고, 초인적인 연습으로 치명적인 결함을 극복하게 되면서이다. 영화 '태양을 따라서(Follow the Sun)'는 호건의 일대기를 담은 영화다.

7) 샘 스니드는 버지니아 주에서 6남매의 막내로 태어났으며, 10살이 되지 않은 나이에 35kg의 무게를 들어올려 캐디가 되었다. 1937년 PGA 투어에 데뷔했고, 루키 시즌에 최장타자로 인정받으며 PGA 5승을 챙겼고, 상금랭킹 2위가 되었다. 사상 최초로 4대 메이저골프대회를 석권했고, 1936년부터 65년까지 30년에 걸쳐 PGA 투어에서 통산 83승을 거두었고, 그 중에 메이저 대회 우승은 7회다. PGA 최고령 우승(52세 10개월 8일), 메이저 대회 최고령 컷 통과(67세 2개월 7일)의 기록도 세웠다. 스미스의 별명은 미스터 장수(Mr. Longevity)다. 스니드의 스윙은 당대 최고의 라이벌이었던 벤호건과 많이 달랐다. 호건의 스윙은 과학적이고 기계적이며 아주 빠른 템포의 스윙이지만, 스니드는 느린 템포지만 부드럽고 힘이 넘치는 스윙이었다. 호건은 연구와 연습을 통해서 만들어진 스윙이지만 스니드는 자연적으로 만들어진 스윙이다. 즉, 리듬, 템포, 타이밍, 밸런스가 스니드의 스윙의 키워드이다.

8) 1882년에 태어난 월터 하겐은 미국 프로골퍼이자 20세기 전반 골프의 주요인물이다. 역대 PGA 75승, US Open 2승, 브리티시 오픈 4승이라는 기록을 보유하고 있는 최초의 골프영웅이라고 할 수 있다. 월터하겐을 최초의 골프영웅이라고 칭하는 이유는 '그린의 2등 시민'이던 프로골퍼의 사회적 지위를 끌어올리는 데 크게 기여했다는 점이다. 1922년 미국선수 중 처음으로 브리티시 오픈을 우승하면서 프로골퍼에 대한 냉대를 사라지게 했으며, 1920년대에 골프 사상 첫 투어프로로 전 세계를 돌며 골프의 대중화에 기여했다. 하겐은 뛰어난 퍼팅실력 뿐만 아니라 특유의 쇼맨쉽으로 골프 관전의 재미를 선사했다. 빙글빙글 돌며 한참 뜸을 들여 관중으로부터 '어렵겠다'는 생각을 갖게 만든 후 멋지게 처리해 환호를 받는 쇼맨쉽 "최선을 다해서 샷을 하라. 그 결과가 좋으면 그만이고 나쁘면 빨리 잊으면 된다"고 말한 것으로 유명하다.

9) 출처: 교육정책네트워크 정보센터, 해외교육동향 362호 기획기사, 미국의 초중등 무상교육 범위, 2019.10.23, 김지혜

10) 출처: 캐디시크릿, 2011, 그렉 마틴, 미래를소유한 사람들

11) 출처: 캐디시크릿, 2011, 그렉 마틴, 미래를소유한 사람들

12) 1970년대 중반까지 메이저 대회에서는 선수 개인이 고용한 캐디와 함께 대회에 출전할 수 없었다.

13) 회사는 왜 캐디를 '사장님'으로 만들어줬나. [김선수, 노동을 변호하다](3)캐디노조설립신고행정소송. 출처: 프레시안 2013년 5월 15일, 글쓴이: 김선수변호사

14) Leith Links는 스코틀랜드 에딘버러에 있으며, 현재는 공공 공원이지만 예전에는 골프 경기를 하던 주요한 장소, 현재는 에딘버러의 도크 지역인 Leith의 주요 공공 공원이다.

15) 참고: https://www.golfspan.com/golf-terms/forecaddie

16) 미국 공식 골프 경기가 아닌 기록만 보자면, 오스카 번(Oscar Bunn, 1875-1918)이 최초의 캐디라고 할 수 있다. 오스카 번은 캐디를 하면서 골프를 배웠으며, 미국 원주민 골퍼의 개척자로 1900년 9월 22일 'The Brooklyn Daily Eagle'에 'Shinnecock Indians Good Golf Caddies'라고 해드라인을 장식했다.

17) 조선왕조의 무덤은 종류에 따라 능(陵), 원(園), 묘(墓)로 분류된다. 능은 왕과 왕비 그리고 황제와 황후의 무덤이며, 원은 왕세자와 왕세자빈 그리고 왕의 사친(부모) 무덤이며, 묘는 나머지 왕족(대군, 군, 공주, 옹주, 후궁)과 폐왕의 무덤이다. 조선왕조의 무덤은 능이 42기, 원이 13기, 묘가 64기로 총 119기에 이른다.

18) 한국남자골프 최초의 스타 플레이어이다. 일본 프로 자격 획득 후 1941년 한국인 최초로 일본 오픈에서 우승했다.

19) 한국의 전설적인 골프로 16세에 군자리 서울CC에서 캐디가 되었으며, 한국프로골프선수권 7회 우승, 한국오픈 4년 연속 우승(1968-1967) 총 7회 우승하였다.

20) 구옥희는 1975년 연천고등학교를 졸업하고 경기도 고양의 골프장에서 캐디로 일하였고, 독학으로 골프를 공부했다. 국내 투어 20승, 일본 투어 23승, 1988년 미국여자프로골프(LPGA)투어 탠더드 레지스터 대회에서 한국인 최초로 우승했다. 2004년 한국여자프로골프 명예의 전당 제1호로 선정되었다.

21) 참조: http://weekly.chosun.com, http://www.guesthousejeonju.com, http://www.golfdigest.co.kr

22) 1998년 설립된 월드골프빌리지(worldgolfvillage.com)는 PGA투어에서 만들었다. 월드골프빌리지는 매년 백만 명 이상의 관광객이 방문하는 골프를 위한 대단위 리조트이며, 골프 명예의 전당이 있는 곳으로도 유명하다. PGA 투어 아카데미가 열리며, 명예의 전당 회원인 아놀드 파머(Arnold Palmer)와 잭 니클라우스(Jack Nicklaus)가 공공 설계한 킹 앤 베어(King & Bear) 코스와 샘 스니드(Sam Snead)와 진 사라센(Gene Sarazen)이 공동설계한 슬래머 앤 스콰이어(Slammer & Squire) 코스가 있다. 이 밖에도 숙박시설로 4개의 호텔/모텔이 있으며, 300석 규모의 극장과 머레이 형제들이 소유한 머레이 브라더스 캐디쉑(Murray Brothers Caddyshack) 레스토랑이 있다.

23) 캐디 이름 뒤에 바로 나오는 년도는 캐디 명예의 전당에 헌정된 년도이다.

24) 더스틴 존슨(1984~), 미국 프로골퍼로 2016년 US 오픈과 2020년 마스터스 총 두번의 메이저대회 우승, 통상 PGA투어 24회 우승을 기록하였다. 2020년 12월 27일 현재 세계남자골퍼 1위다.

25) 제이슨 데이(Jason Day, 1987.11.12~)는 호주 출신으로 2015년 9월 20일부터 51주간 세계랭킹 1위였던 골퍼다. 2015년 PGA Championships과 PGA tour 12회 우승을 포함하여 총 17회 우승하였다. 제이슨 데이는 어려운 가정 환경을 극복한 스토리와 2010년부터 '양성 발작성 두위현훈증'이라는 희귀병을 앓고 있는 골퍼로 US Open대회 중에 쓰러지는 일도 있었다.

26) 피터 톰슨(Peter Thomson, 1929.08.24–2018.06.20)은 오스트레일리아의 골프선수이며, The Open 챔피언쉽 5회 우승을 포함하여 총 84회 우승을 기록하였다. 1985년 오스트레일리아 스포츠 명예의 전당에, 1988년 세계 골프 명예의 전당에 올랐다.

27) 이안 베이커–핀치(Ian Baker–Finch, 1960.10.24~)는 1991년 The Open에서 우승한 것으로 유명한 호주 프로골퍼이자 스포츠 해설자다. 17회 우승을 기록하였다.

28) 그렉 노만(Gregory Joha Norman AO, 1955.02.10~)은 1980년대와 1990년대에 331주 동안 세계골프랭킹 1위를 한 전설적인 골퍼다. PGA 20회, 메이저대회 2회 우승을 포함하여 총 88회 우승을 차지하였다. 2001년 현재까지 가장 많은 표(80%)를 받고, 세계 골프 명예의 전당에 입성하였다. 그렉노먼은 출생지 호주와 그의 공격적인 골프 스타일로 인해 "The Great White Shark"라는 별명을 가지고 있으며, 우리에게는 백상어로 더 유명한 골퍼다.

29) 레이 플로이드(Raymond Loran Floyd, 1942.09.04~)는 2010년에 은퇴한 미국 골퍼로 PGA 투어와 시니어 투어에서 활약하였으며, 4회의 메이저 우승과 3개의 시니어 메이저 우승을 포함하여 총 65회 우승을 기록하였고, 1989년에 세계 골프 명예의 전당에 입성하였다. 레이 플로이드는 스무스하고 리드미컬한 골프 스윙으로 인해 '템포 레이문도(Tempo Raymundo)'라는 별명을 가지고 있다. 원래는 야구선수였으며, 군복무를 한 후 1963년 프로가 된 후 그 당시 PGA Tour의 4번째로 어린 우승자가 되었다. 플로이드는 현대 골프 게임의 발전에 있어서 중요한 역할을 한 골퍼로서 엄청난 파워와 부드러운 스윙이 결합된 최초의 골퍼 중에 하나이며, 플로이드의 숏게임은 교과서 적이면서도 골퍼 중에서 가장 위대한 치퍼(Chippers)중에 하나라고 일컬어진다는 세계골프명예의 전당에 기록되어 있다.

30) 타이거 우즈(Eldrick Tont "Tiger" Woods, 1975.12.30~)는 골프 황제라는 별명에 걸맞게 골프 역사상 가장 뛰어난 골퍼 중에 하나다. 무려 683주(13년 7주,2위는 331주 동안 1위 기록을 한 그렉 노먼)동안 세계랭킹 1위를 차지하였으며, 메이저대회 15회를 포함하여 총 109회 우승을 하였으나, 타이거의 우승 횟수는 현재도 진행형이다. 그는 특정 계층에 한정되었던 골프의 인기를 전 세대로 파급시킨 골프 황제이자 돈을 가장 많이 번 현역 운동선수이기도 하다. '타이거 우즈의 라이벌은 전성기 시절 타이거 우즈 그 자신이다.'라는 말이 있을 정도로 골프계에서는 실력과 영향력 등 관련된 모든 부분에 있어 독보적인 존재로서 '레저'로 인식되던 골프를 '스포츠'로 확고히 인식시키는 큰 역할을 하였다.

31) 참고로 타이거우즈가 스티브 윌리엄스를 해고하게 된 사유가 바로 아담 스콧 때문이기도 하다. 타이거 우즈가 2009년 섹스스캔들 이후 슬럼프에 빠지고 힘들어 할 때, 스티브 윌리엄스는 2011년 US 오픈과 오픈 챔피언쉽에서 아담 스콧의 캐디를 하였고, 이를 계기로 화가 난 타이거 우즈가 2011년 7월 20일 공개적으로 해고하였고, 스티브 윌리엄스는 2011년부터 아담 스콧의 캐디가 되었고, 조 라카바는 타이거 우즈의 캐디가 되었다.

32) 출처: Celebrity Net Worth(celebritynetworth.com)

33) 헨리 피카드(Henry Gilford Picard, 1906~1997)는 캐디 출신 미국 골프선수다. 1938년 마스터스를 우승하였고, 1939년 PGA 챔피언쉽 우승, 통산 PGA 26회 우승을 차지하였으며, 2006년에 명예의 전당에 헌액되었다.

Part 2

캐디가 하는 일

SECTION 5	캐디는 무슨 일을 할까?
SECTION 6	그래서 얼마나 벌까?
SECTION 7	R&A 골프 룰로 본 캐디
SECTION 8	캐디가 반드시 알아야만 하는 골프 룰

'좋은 캐디는 15번째 클럽이다. (A good caddie is a player's 15th club in the bag)'라는 말이 있다.

골퍼들에게 라운드에서 좋은 캐디를 만난다는 것은 바로 좋은 스코어를 기록할 수 있는 가능성이 높아진다는 말이 될 수 있다.

캐디와 골프장이용객과의 관계가 명확하지 않다.

골프장이용객은 캐디없이 라운드를 나가고 싶어도, 골프장에서 이를 받아들이지 않으면 셀프(Self)로 라운드를 나갈 수가 없다. 실력 있는 캐디를 만나거나, 실력 없는 캐디를 만나는 것도 그 날의 운이라고 할 수 있으며, 심지어 캐디가 어떤 일을 하는지에 대한 정확한 이해가 없으며, 골프장이용객에게 그러한 설명도 하지 않는다.

골프장이용객이 캐디피를 지불하면서 받아야 할 구체적인 서비스가 무엇인지 상호간에 모른다. 그저 캐디는 골프장이용객이 요구하는 것에 대한 그리고 자신이 해 오던 일을 해 나갈 뿐이다.

이러한 관행은 모두에게 이롭지 않다.

골프장이용객은 캐디에게 원하는 것을 명확히 해야 하며, 캐디 또한 자신이 해야 할 일을 제대로 할 수 있어야 한다. 그런데, 문제는 캐디가 무슨 일을 해야 하는지에 대해서 모두 다가 정확하게 알지 못한다는 것이다.

그래서 제2부에서는 캐디가 하는 일이 무엇인지에 대해서 구체적으로 알아보았으며, 나아가 캐디가 이런 일들을 하면서 받는 수익에 대한 것과 캐디가 라운드 중에 알아야 할 골프 규칙에 대해서 자세하게 정리하였다.

SECTION 5

캐디는 무슨 일을 할까?

골프 코스에는 두 종류의 사람만이 있다. 골퍼(Golfer)와 캐디(Caddie)다.

걷거나, 카트(Cart)를 타고 다니면서, 골프를 즐기는 골퍼와 골퍼에게 다양한 정보(Information)와 조언(Advice)을 하고, 골프클럽을 매칭(Matching)하여 핸들링(Handling)하고, 전달(Transfer)하는 캐디(Caddie)다.

캐디(Caddie)를 다른 말로, 경기 보조원, 필드 매니저(Field Manager), 골프 캐디(Golf Caddie)라고도 부르며, 업무 범위와 소속에 따라 프로 캐디(Professional Caddie), 하우스 캐디(House Caddie), 포어 캐디(Forecaddie), 마샬 캐디(Marshall Caddie), 인턴 캐디(Intern Caddie), 드라이빙 캐디(Driving Caddie)로 구분한다.

골프장을 찾는 골퍼들이 만나게 되는 대부분의 캐디를 하우스 캐디(House Caddie)[34]라고 부르며, 프로 캐디(Professional Caddie, Tour Caddie)와 구분된다.

프로 캐디는 골프선수에게 고용된 캐디로 해당 선수 한 사람만을 전담해서 그 사람의 골프백을 주로 어깨에 메고 일을 하는 반면, 우리나라의 하우스 캐디는 골프장에 소속되어 골프장에 내방한 1팀(주로 4명)을 대상으로 라운드 전체를 담당하기 때문에 4개의 백(Bags)을 카트에 싣고 일을 한다는 의미에서 1캐디 4백[35]이라고 한다.

이런 면에서 한국 캐디는 세계 최고이다.

아래에 설명할 캐디의 역할을 보더라도 한 사람만을 대상으로도 이렇게 많은 일을 하기 힘든데 한국 캐디는 고객 4명을 대상으로 이런 일을 하기 때문이다. 세계적으로 이렇게 한번에 4명의 고객에게 캐디 서비스를 제공하는 나라는 없다고 보면 된다.

[그림 5-1] 고객 4인의 골프백이 카트에 실린 모습

[장소: 제이드 팰리스 G.C]

캐디는 약 5백년 전부터 있었다.

하지만, 캐디가 해야 할 일들이 지금처럼 구체적이면서 전문적인 영역으로 변한 것은 카트[30]가 국내에 도입되기 시작한 2,000년도 이후라고 할 수 있다. 캐디가 하는 역할은 시대에 따라 어떻게 변해 왔는지 제2장에서 다루었다.

캐디가 하는 일은 제일 먼저 라운드(Round)를 시작하기 전에 [그림 5-1] 처럼 4개의 고객 골프백을 카트에 싣고 클럽을 정리하는 일부터 시작한다. 카트를 안전하게 운행하며, 라운드 중에는 바람의 방향이나 잔디의 스피드, 날씨의 변화 등을 체크하고, 필요에 따라서는 골퍼의 심리적인 상태 등을 감안하여 일어날 수 있는 행위 등을 심리학 전공자처럼 대처해야 하는 일까지 캐디가 해야 할 일들은 너무나도 많다.

어쩌면 캐디는 골퍼가 원하는 일이라면 어느 정도까지는 해 주어야 하는 것이 맞을지도 모른다. 그러나, 골퍼가 원한다고 해서 모든 일을 "Yes"라고 하기에는 필드에서 보면 무리한 경우도 가끔 있다. 가령, 경기와 상관없이 믹스커피를 타달라고 하거나, 술을 같이 마시자고 하거나, 여자 캐디로 바꿔 달라고 하는 일들 말이다.

이에 ㈜골프앤에서는 국내 최초로 하우스 캐디가 반드시 해야 하는 일들을 다음의 7가지로 정의하였다.

1. 카트 운전하기(Driving)

한국에서는 아주 소수의 골프장을 제외하고 캐디는 카트를 운전하면서, 고객의 안전을 책임져야 한다. 한국은 산악 코스가 많아서 카트 주행이 위험하기 때문에 캐디가 반드시 필요하다. 그런데, 재미있게도 카트 운전만을 하는 캐디를 드라이빙 캐디라고 부르지만, 엄밀하게 말하면 드라이빙 캐디는 R&A 룰을 유권해석해 보면, 카트 운전만 하는 드라이빙 캐디는 캐디가 아니다. 그런데 캐디가 카트 운전을 못하면, 근무 자체가 불가능하기 때문에 캐디에게 있어서 카트 운전은 반드시 필요하다. 단, 안전하게 운전해야 한다.

[그림 5-2] 샷 건(Shotgun)[38] 방식 골프대회를 위해 골프 코스로 이동하는 카트

장소: 제이드 팰리스 G.C, 촬영: 사진작가 이재하

2. 멘트(Ment)하기

멘트는 골프장에서 많이 사용하는 단어지만, 영어단어에 없는 한국식 영어다. 멘트의 유래에 대해서는 정확하지는 않지만, 가장 설득력 있는 말이 어나운스먼트(Announcement)와 코멘트(Comment)에서 '동작'이나 '결과'를 뜻하는 접미사인 '-ment'가 한국식으로 발전해서 멘트가 되었을 것이라는 것이다.

캐디가 해야 되는 멘트에는 광장 멘트, 스트레칭 멘트, 홀 멘트, 안전 멘트, 무전기 멘트 등이 있으며, 캐디가 고객을 대상으로 하는 말을 모두 멘트라고 한다. 멘트는 캐디가 하는 일인 정보를 전달하고, 어드바이스를 해 주는 일과 함께 사용한다.

캐디가 광장에서 처음 시작하는 광장 멘트는 고객에게 오늘 플레이를 진행하게 될 자신에 대한 소개와 간단하게 오늘 플레이할 코스 그리고 골프장마다 다른 형식을 취하지만, 중요한 전달 사항들을 담게 된다.

예를 들면, "안녕하십니까! 오늘 플레이를 도와드릴 캐디 김대중입니다. 오늘 플레이할 코스는 인코스, 아웃 코스입니다. 운행 중에는 위험하오니 안전손잡이를 꼬~옥 잡아 주시기 바랍니다. 즐거운 라운드되십시오. 출발하겠습니다."

안전은 아무리 강조해도 지나치지 않다.

안전 멘트의 유무에 따라 사고 자체를 미연에 방지할 수도 있기 때문이다. 카트를 타고 가면서 급경사가 있을 경우에는 카트 손잡이를 꼭 잡으라는 멘트를 반드시 해야 하며, 골프클럽 자체가 타인에게는 언제든지 흉기로 바뀔 수 있기 때문에 티잉 구역(Teeing Area)에는 고객 한 사람만 올라가게 하는 것도 캐디가 해야 할 일이다. 또한, 타구 사고가 날 수 있기 때문에 전장 주시 및 플레이를 언제 개시할 것인가도 캐디가 멘트를 통해서 해야 할 일이다.

3. 정보(Information) 전달하기와 어드바이스(Advice)하기

캐디가 고객에게 전달해야 하는 것은 골프클럽만이 아니다.

각 홀마다 그 홀이 가지고 있는 정보와 어드바이스를 줘야 하는데, 이는 홀 멘트라는 형식을 취하게 된다. 예를 들어서 "340m 파(Par) 4홀(Hole)입니다. 좌측 오비(Out-Of-Bounds), 우측 해저드(Hazard)[39]입니다. 정면에 보이시는 벙커 좌측 끝 보고 치시는 것이 좋습니다." 여기서 그 홀의 거리와 좌우측이 오비인지 해저드인지를 알려주는 것은 정보에 속하고 어디를 보고 치는 것이 좋다고 이야기하는 것을 어드바이스, 조언(Advice)이라고 한다.

> **해저드(Hazard)**
> "정확한 표현은 '페널티 구역'이지만, 대부분 고객들이 여전히 해저드라는 용어를 사용하기 때문에 본문에서는 편의상 대화체의 경우 '해저드'라는 단어를 사용했습니다."

어드바이스는 캐디 고유의 영역이며, 동시에 실력으로 평가받는다.

특히, 프로 캐디의 경우에는 이 조언이 승패를 좌우할 만큼 큰 역할을 하며, 하우스 캐디에게 있어서도 골퍼들이 캐디에게 원하는 가장 전문적인 영역이라고 할 수 있다.

캐디가 골퍼에게 하는 조언은 크게 두 종류로 티잉 구역과 페어웨이(Fairway)에서 공략 지점을 이야기해주는 것 즉, "정면에 보이시는 벙커 왼쪽 끝

보고 치는 것이 좋습니다." 그리고, 그린에서 볼과 홀 컵까지의 경사도와 그린 상태를 분석하고 라인(Line)을 파악한 후 라이(Lie)를 놓은 후 "홀 컵 왼쪽으로 두 컵 봤습니다."라고 조언을 해 주는 것이다.

참고로, "고객님 130m 남았습니다. 몇 번 클럽 드릴까요?" 이렇게 현재 볼 위치에서 홀 컵까지 남은 거리를 알려주는 것을 정보라고 한다.

4. 클럽 서브하기(Club Serve)[10]

클럽 서브에는 클럽 매칭(Matching)과 클럽 핸들링(Handling), 클럽 클리닝(Club Cleaning)이 있다.

클럽 매칭은 4명의 고객이 사용하는 서로 다른 클럽(드라이버, 우드, 아이언, 웻지, 퍼터)을 고객마다 구분해서 어떤 고객이 무슨 클럽을 사용하는지를 이해하고 암기하는 것을 말한다.

[그림 5-3]는 왼쪽부터 오른쪽으로 드라이버, 우드, 아이언, 웻지, 퍼터가 있다. 다양한 골프클럽

[출처: 사진작가 이재훈]

고객 4명의 골프클럽과 고객을 매칭하지 못하면, 당연하게 클럽 서브를 할 수가 없다. 첫 홀부터 고객 클럽과 고객을 매칭을 해야 하는데, 클럽 매칭이 안 되는 캐디는 고객으로부터 컴플레인(Complain)을 받을 수밖에 없다. 그래서 클럽 매칭은 광장에서 클럽을 정리하면서 끝내야 한다. 클럽 매칭을 못 했을 경우에는 라운드 중에 심각한 문제가 발생하기도 하며, 여기에 설상가상(雪上加霜)으로 고객의 볼(Ball)이 어디에 떨어진지를 모른다면, 캐디로서 실격이라고 할 수 있다.

캐디 교육 중에 하는 말이지만, '고객의 볼이 어디에 떨어져 있는지를 알고 있다면 캐디 업무의 50%가 끝났다'라고 가르친다. 예를 들어, 캐디가 고객의 볼이 어디에 있는지 알고 있다면, 카트에서 내리기 전에 고객에게 남은 거리를 계산해서 불러줄 수 있기 때문에 고객은 자연스럽게 카트에 있는 자신의 클럽을 가지고, 볼이 있는 위치에 가서 볼을 친다. 이렇게 되면, 캐디는 카트에서 할 일을 끝냈기 때문에 다른 일을 할 준비를 하면 된다.

클럽 핸들링은 라운드 중에 캐디가 최대 12개 정도의 클럽을 가지고 다니면서 고객에게 전달해야 하는데, 고가의 클럽을 캐디가 편하게 관리하고 전달할 수 있는 방법을 가르치는 것이다. 클럽 클리닝은 고객이 라운드 중에 클럽에 이물질인 잔디나 흙이 묻을 경우 다음 홀 티잉 구역에서 티샷을 하기 전에 클럽에 묻은 것을 물로 씻고 클럽을 다시 정리해서 원래 자리에 놓아두어야 한다.

5. 그린 서브하기(Green Serve)

그린 서브는 캐디가 고객에게 어필해야 하는 매우 중요한 기술이다.

그린 서브는 마크하기, 집어 들기, 닦기, 라인(Line) 보기, 라이(Lie) 놓기 등 5단계로 나뉜다. 이 때 캐디가 마크를 하지 않고 볼을 집어 들거나, 볼을 놓을 때 리플레이스(Replace)[11] 하지 않으면 고객이 벌타(Penalty)를 받게 된다.

캐디는 그린에서 라인을 잘 파악해서 라이를 잘 놓아야 한다.

모든 그린은 같은 경사도와 형태를 가지고 있지 않기 때문에, 골퍼가 퍼팅을 했을 경우 볼이 놓인 곳과 홀 컵 사이에 볼이 굴러갈 가상의 선, 라인('퍼팅 라인'이라고도 함)을 그려 보고, 라인이 꺾이는 변곡점에 볼 표면에 있는 화살표를 맞추어 놓는 것을 라이(클럽 바닥을 기준으로 샤프트의 각도를 라이라고 하기 때문에 이를 구분하기 위해 '퍼팅 라이'라고도 함)를 놓는다고 이야기한다.

> 모든 그린은 같은 경사도와 형태를 가지고 있지 않기 때문에, 골퍼가 퍼팅을 했을 경우 볼이 놓인 곳과 홀 컵 사이에 볼이 굴러갈 가상의 선, 라인을 그려 봐야 한다.

[그림 5-4] 그린 서브 중인 캐디 모습
[그림 5-5] 그린을 읽고 있는 플레이어

[**장소**: 제이드 팰리스GC, 촬영: 사진작가 이재하]

SECTION 5 캐디는 무슨 일을 할까? 87

6. 경기 진행하기

한국 골프장의 티 오프(Tee-off)[2] 간격은 7분이다.

티오프 간격 7분은 플레이 중에 앞 팀과 뒤 팀과 자연스럽게 만나게 되고, 경기 진행이 너무 빠르면, 앞 팀의 플레이를 기다려야만 하고, 경기 진행이 너무 느리면 뒤 팀을 기다리게 만든다. 경기 진행에 대한 압박은 캐디와 고객 모두에게 영향을 미친다. 앞 팀과 뒤 팀과의 적당한 거리를 유지하면서 경기를 진행하는 것 또한 캐디의 능력이다.

경기 진행이 늦어지는 원인은 캐디와 골퍼 둘 중 하나의 문제다. 캐디가 경기 진행에 서투르면 경기 시간이 늘어지고, 골퍼가 경기 진행에 비협조적이면 이 또한 늦어지게 된다. 캐디 때문에 경기 진행이 늦어진다면, 그 이유는 딱 두 가지 밖에 없다. 페어웨이에서 볼을 잘 찾지 못해 거리를 불러주지 못하고 이로 인해 클럽을 전달해 주지 못하여 경기가 늦어지거나, 그린에서 서브가 원활하지 못하기 때문에 경기 진행이 늦어진다.

이런 것을 없애기 위해서 티 오프 간격을 10분으로 늘렸으면 좋겠다는 사람들도 많지만, 한국 골프장 현실에서는 불가능하다. 골프장에서 보는 가장 이상적인 경기 진행 시간은 전반(9홀)과 후반(9홀) 각각 1시간 50분내에 끝내는 것이다. 1시간 50분이면, 티 오프 간격을 7분씩하여 약 16팀이 치고 나갈 수 있는 시간이 된다. 그러나, 한국의 현실은 1부, 2부, 3부에 약 20줄 정도로 예약을 받기 때문에 실제로는 전반을 이상적으로 1시간 50분 내에 끝마쳐도 약 20~30분 정도 중간 휴식을 취할 수밖에 없다.

경기 진행에 대한 압박은 캐디가 가질 수밖에 없는 숙명적인 것이며, 최근에는 스마트 기기를 활용해서 관제를 하고, 기록으로 다 남기 때문에 경기 진행에 대해서 더 신경 쓸 수밖에 없다.

캐디가 원활한 경기 진행을 하기 위해서는 골프 룰에 대해서 정통해야 한다. 라운드 중에 발생한 상황에 대한 판단과 중재를 캐디가 해야 한다. 예를 들어 고객이 친 볼이 오비가 되어서 밖으로 나갔을 경우, 적당한 구제방법을 택해서 고객에게 볼을 치게 하는 것도 캐디가 경기운영을 고려해서 판단하고 결정해야 하는 일이다.

7. ICT하기

ICT는 Information & Communication Technology의 약자로 정보통신기술을 의미한다.

약 300개의 골프장에서 사용하고 있는 스마트 스코어는 골프장에서 사용하는 ICT의 결정체다. 스마트 스코어는 골프장에게는 관리시스템을 활용하여 관제까지 할 수 있게 해 주며, 캐디에게는 캐디수첩을 이용하여 클럽 및 골프백을 촬영해서 보관할 수 있게 해주고, 고객에게는 스코어를 관리할 수 있게 해 주는 IT Solution이다.

이 중에서 캐디가 가장 적극적으로 사용해야 하는 것이 바로 고객과의 접점인 스코어 관리다. 4명의 고객 스코어를 계산하지 못한다면, 캐디가 될 수 없다. 서로 다른 수준에 있는 고객들의 각 홀마다의 기록을 스마트 스코어에 기록해야 하는 것 또한 캐디가 해야 하는 중요한 일이다.

■ 스마트스코어 시작 ① ➡ ②

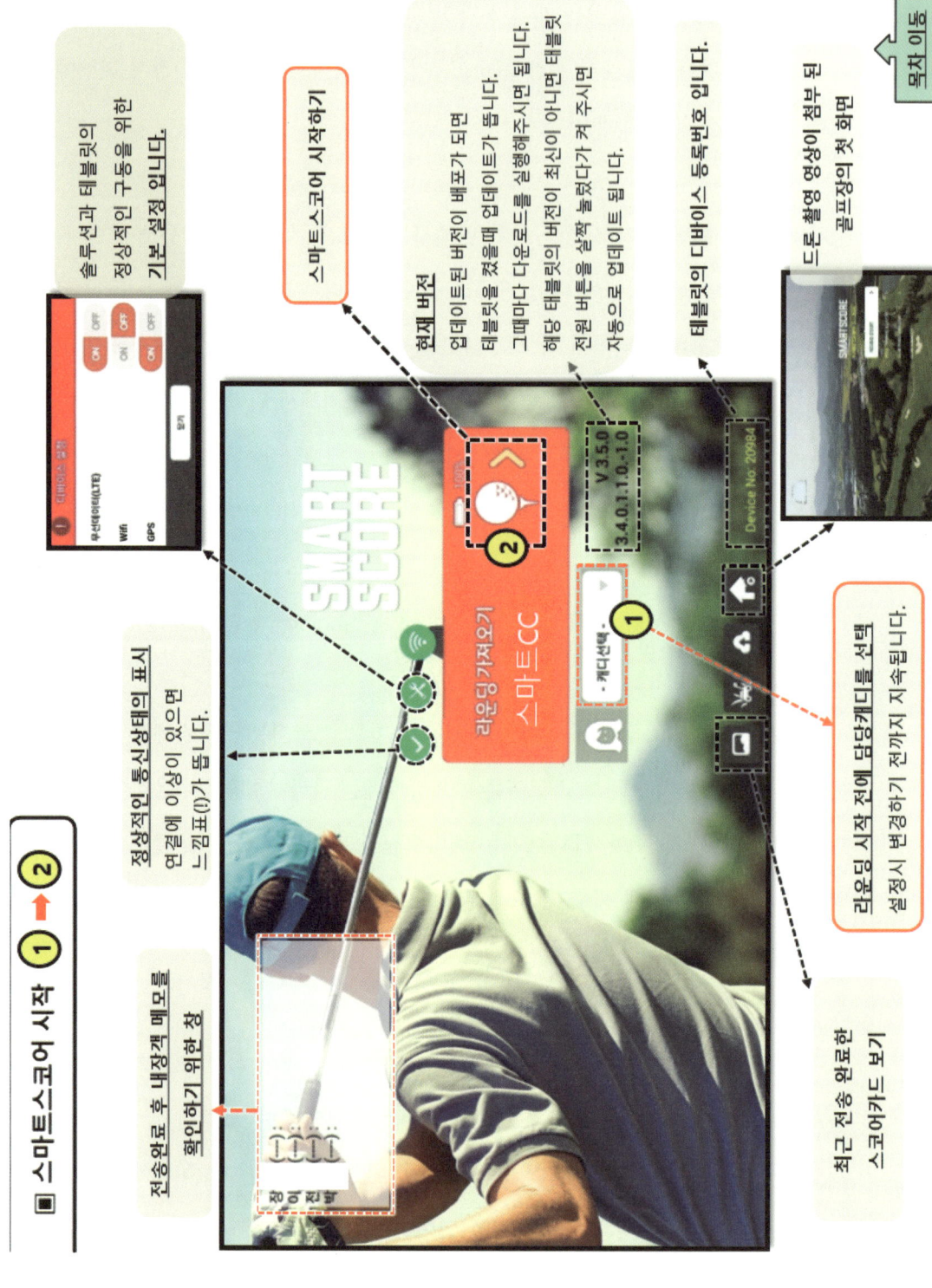

스마트스코어 시작하기

현재 버전
업데이트된 버전이 배포되면 태블릿을 켰을때 업데이트가 뜹니다. 그때마다 다운로드를 실행해주시면 됩니다. 해당 태블릿의 버전이 최신이 아니면 태블릿 전원 버튼을 살짝 눌렀다가 켜 주시면 자동으로 업데이트 됩니다.

태블릿의 디바이스 등록번호 입니다.

드론 촬영 영상이 첨부 된 골프장의 첫 화면

목차 이동

솔루션과 태블릿의 정상적인 구동을 위한 **기본 설정** 입니다.

정상적인 통신상태의 표시
연결에 이상이 있으면 느낌표(!)가 뜹니다.

전송완료 후 내장객 메모를 확인하기 위한 창

라운딩 시작 전에 담당캐디를 선택
설정시 변경하기 전까지 지속됩니다.

최근 전송 완료한 스코어카드 보기

위에 그림의 내용을 표로 정리하면 다음과 같다.

하우스 캐디가 하는 일

순서	하는 일	분류	구체적으로 하는 일
1	카트 운전하기	주행	전진과 후진, 내리막, 고객 위치 확인하기, 안전 멘트 하기
		주차	카트 고에서 주차하는 방법
		홀별	홀 별 주요한 카트 정차 위치
2	멘트하기	광장	캐디 소개 멘트
		주행	안전 멘트
		홀(Hole)	스트레칭 멘트(첫 홀에서만), 홀 정보 및 어드바이스 멘트
		무전기	주파수, 전달 멘트, 진행 멘트, 타구 멘트, 광장에서 대기시간 멘트
		마무리	클럽확인 멘트(클럽 섞임과 분실에 대한 방지)
3	Information (코스 및 홀)	골프 상식	골프용어 및 룰 숙지
		홀 개요	340미터 파4홀입니다. 좌측 OB, 우측 해저드입니다.
		공략지점	페어웨이 중앙보고 치시는 것이 좋습니다.
		주의할 점	인접 홀과 해저드 관계, 타구 사고가 일어나는 곳과 타구 사고 가능성에 대한 대처(포어[15]하고 외치기 및 무전)
	Information (거리)	거리 계산하기(기초1)	볼 보기, 코스 교육, 거리와 클럽의 관계, 거리가 왜 중요한가? 클럽 별 비거리
		거리 계산하기(기초2)	홀 컵 위치(앞, 중간, 뒷), 오르막과 내리막 감안하기
		거리 계산하기(중급)	맨홀 위치, 워터 해저드 위치 및 거리, 디보트 집중된 곳
		거리 계산하기(고급)	파4홀에서 고객별 비거리 파악하기 홀 잘라 보기
		주의할 점	홀 컵 위치 재확인(깃발의 색이 바래서 실수할 수 있음), 파3와 파4, 5에서 그린 홀 컵간 거리
	Advice(조언)	티잉 구역 (Teeing Area)	공략 지점(예, 벙커 왼쪽보고 치시면 좋습니다)
		그린(Green)	홀까지 라이(예, 좌측 2컵 봤습니다.)
	Club Serve (개요)	클럽의 역할	드라이버, 우드, 유틸, 아이언, 웨지의 역할 및 비거리
		클럽의 종류	골퍼들이 선호하는 골프용품 브랜드(2018년 가을)
		정리하기	카트에 싣기, 골프백내에서 정리하기, 퍼터 꺼내기, 커버
4	Club Serve (Matching)	클럽 매칭하기(기초1)	배치표 받기, 순서대로 카트에 싣기
		클럽 매칭하기(기초2)	광장에서 클럽 정리하면서 고객명과 클럽 매칭하고 2개 홀 내에 고객 매칭 완료
		클럽 매칭하기(중급)	광장에서 클럽 정리하면서 고객과 클럽 매칭하기
		클럽 매칭하기(고급)	2개 홀 내에서 고객특징과 주요사용 클럽 파악해서 준비하기
		주의할 점	고객 클럽이 바뀌지 않게 하기, 같은 브랜드일 경우 마크하기, 고객 클럽이 섞이지 않게 하기

4 Club Serve (Handling & Serve)	클럽 핸들링(기초)	클럽 전달방법(우드와 아이언), 클럽 전달 멘트, 클럽 핸들링(T/A, 페어웨이, 그린)
	클럽 핸들링(중급)	거리를 불러주고, 고객에게 필요한 클럽을 물어보기 (2개 준비)
	클럽 핸들링(고급)	고객 동선과 거리를 파악해서 클럽을 미리 준비해서 전달하기(특히 세컨 샷과 써드 샷의 경우)
	주의할 점	고객이 잡기 편하게 클럽을 전달해야 함, 클럽을 일반적으로 2개 정도 들고 다니기 때문에, 페어웨이나 그린에서 놓고 온 클럽이 있는 지 확인 필요
Club Serve (Cleaning)	클럽 청소	고객의 클럽과 볼을 깨끗하게 닦아 놓음
5 Green Serve	그린 서브하기(기초)	볼 마크하는 방법, 라인상의 볼 빼는 방법, 퍼터 전달하기, 볼 닦아주기
	그린 서브하기(중급)	라이를 확인하고 볼을 놓아주기, 라이 방향을 고객에게 불러 주기(좌측 두 컵 봤습니다.)
	그린 서브하기(고급)	고객의 동선파악하고, 고객이 기다리지 않고 플레이할 수 있도록 만들기
	주의할 점	깃대인사, 라인 밟지 않기, 그린에서 뛰지 않기
6 경기 진행하기	경기 진행(기초)	경기 진행의 의미, 앞 팀과 뒷 팀과의 간격 파악하기, 무전하기(티샷, 세컨샷 가능 여부)
	경기 진행(중급)	멀리건 사용(경기 진행상황에 따라), 앞팀과의 일정 간격 유지(고객수준과 관계없음)
	경기 진행(고급)	위치에 관계없이 준비된 순서대로 샷을 할 수 있도록 유도, 전반과 후반 각각 1시 50분 이내 경기 운영
	주의할 점	무리한 경기 진행 금지(고객의 기분이 상하게 하는 행위), 홀 별 타구 사고 지점
7 ICT	캐디수첩	고객동의서 싸인 받기, 사진찍기(동의서, 티오프 전과 홀 아웃 클럽사진), 등록하기
	스마트 스코어(기초)	고객 등록하기, 전화번호 입력하기, 사진찍기(티 오프, 홀 아웃), 전송하기
	스마트 스코어(중급)	스코어 계산해서 스마트 스코어에 입력하기
	골프스코어	스코어 계산방법, 기준 타수, 싱글, 핸디계산법

위에 나열한 7가지는 캐디가 해야 할 기본적인 업무다. 이를 기본으로 하여, 캐디 스스로가 할 수 있는 일들을 하나씩 넓혀 간다면, 캐디의 정점인 프로 캐디가 되는 것도 가능할 것이다.

SECTION 6

그래서 얼마나 벌까?

캐디가 돈을 많이 번다고 한다.

캐디가 얼마를 버는지 알려면, 투어 캐디와 하우스 캐디[44]로 나누어서 알아보아야 한다. 지난 글에서 이야기한 것처럼, 투어 캐디와 하우스 캐디는 돈을 버는 방법과 수익의 규모도 다르기 때문이다.

투어 캐디의 수익을 먼저 알아보자.

투어 캐디는 국내외를 막론하고 기본급 + 인센티브(Incentive)를 받는다.
대회 성적과 무관하게 받는 금액을 기본급이라고 하며, 인센티브는 선수의 대회 성적에 따라 상금의 3~10%를 받는다. 2015년 미국 포브스에서 발표한 투어 캐디의 수익은 [표 6-1]과 같다. 2015년 캐디 소득 랭킹 1위는 2014년 페덱스컵[45] 챔피언 빌리 호셀(Billy Horschel)의 캐디인 미카 후지트(Micah Fugitt)가 157만 달러(약 19억원)로 1위를 차지했다. 이 때 페덱스컵 우승 상금의 7%가 미카 후지트의 몫이었다.

2위는 로리 맥킬로이의 영원한 캐디일 것 같았던 피츠제랄드의 이름이 올랐다. 2017년까지 로리 매킬로이(Rory McIlroy)도 필 미켈슨(Philip Alfred Michelson)처럼 1명의 캐디[16]만을 파트너로 평생 갈 줄 알았는데, 2017년에 그의 영원한 캐디라고 믿었던 피츠제랄드(J.P. Fitzgerald)를 해고하고, 해리 다이아몬드(Harry Diamond)와 호흡을 맞추었다.

지난 2018-2019시즌 PGA투어에서 로리 맥킬로이는 2,278만 달러(약 281억 원)의 상금을 받았다. 그의 캐디인 다이아몬드는 맥킬로이 수입의 약 10%인 215만 달러(약 26억원)을 받은 것으로 알려졌다. 이외에 맥킬로이가 다이아몬드를 위해서 집을 사 주었다는 훈훈한 미담도 기사로 전해져 온다. 해리 다이아몬드는 맥킬로이와 어릴 때부터 친구였고, 같은 고교 골프부에서 활동했다고 한다.

[그림 6-1] 캐디 해리 다이아몬드와 로리 맥킬로이

[출처: 캐디네트워크(thecaddienetwork.com), Stephen Spillman-USA TODAY Sports]

지금까지 캐디로서 가장 많은 수익을 올린 사람은 황제 캐디라고 불린 스티브 윌리엄스(Steve Williams)라고 알려져 있다. 스티브 윌리엄스는 12년(1999~2011년)동안 타이거 우즈의 캐디였고, 이 기간 동안 메이저 대회 13승 포함 72승을 달성하는데 기여했으며, 이후 신예 아담 스콧(Adam Scott)의 캐디를 하면서 통산 100억원 이상의 수입을 올린 것으로 알려져 있다. 그에 대해서는 제4장에서 보다 자세하게 설명하였다.

[표 6-1] 2015년 투어 캐디 소득 순위

단위: 백만 달러

순위	캐디 명	선수 명	금액	비 고
1	미카 후지트 (Micah Fugitt)	빌리 호셀 (Billy Horschel)	1.57	2014 FedEx champion ($10 million bonus)
2	피츠제랄드 (J.P. Fitzgerald)	로리 맥킬로이 (Rory McIlroy)	1.48	2008년 맥로이가 10대때부터 2017년까지
3	테드 스콧 (Ted Scott)	버바 왓슨 (Bubba Watson)	0.9	2006년부터 왓슨의 캐디 2012년과 2014년 마스터즈 우승
4	개렛 로드 (Gareth Lord)	헨릭 스텐슨 (Henrik Stenson)	0.725	2013년 FedEx cup ($10million)
5	마크 풀쳐 (Mark Fulcher)	헨릭 스텐슨 (Henrik Stenson)	0.72	로라 데이비스(Laura Davies)의 캐디가 됨
6	마크 코웬 (Mike "Fluff" Cowan)	짐 퓨릭 (Jim Furyk)	0.70	1999년까지 타이거우즈의 첫번째 PGA투어 캐디로 활약
7	네일 웰리스 (Neil Wallace)	세르히오 가르시아 (Sergio Garcia)	0.695	
8	앤디 샌더스 (Andy Sanders)	짐 워커 (Jimmy Walker)	0.680	2007년부터 워커의 캐디로 활약하여 2014년 2개의 토너먼트 우승
9	랜스 배넷 (Lance Bennett)	맷 쿠차 (Matt Kuchar)	0.650	Kuchar와 Bennett은 9년동안 동반자
10	크렉 코넬리 (Criag Connelly)	마틴 케이머 (Martin Kaymer)	0.625	2010년 Kaymer의 캐디였다가 헤어진 후 2012년 재결합하여 2014년 두 개 대회 우승

[출처: www.forbes.com]

PGA 투어에서 활약하는 캐디가 1년에 벌어들이는 수익은 웬만한 운동선수들보다 훨씬 많으며, 이 금액도 점차 증가하는 추세다. 또한 유명 캐디들은 옷, 신발, 모자 등을 입어주는 대가로 약 1만 달러 정도의 스폰서 계약을 맺기도 한다. 전세계 주요 스포츠(축구, 크리켓, 권투, 테니스, 골프 등) 운동선수들의 상금과 연봉 등에 관해서 아주 상세하게 설명하고 있는 스포텍즈(Sportekz.com)의 기사를 보면, 캐디가 대회를 통해서 벌어들이는 수익에 대해서 아주 자세하게 나와 있다.

[표 6-2] PGA 투어 캐디 연봉

단위: USD

분류	투어 수익	상금 쉐어(share)	스폰서쉽 보너스	연간 수입
프로 캐디	3,000 - 100,000	10%	10,000	1.75백만
신입 캐디	1,500	7%	모름	100,000
여자 캐디	1,500 - 10,000	10%	모름	500,000

[출처: www.sportekz.com]

프로 캐디는 골프선수의 토너먼트 순위에 따라 수익을 쉐어(Share) 한다.

2020년 PGA Championship은 총 상금 1,100만 달러, 1등 상금 198만 달러였다. 이 경기에서 콜린 모리가와(Collin Morikawa)가 우승 상금 198만 달러를 받았고, 그의 캐디인 조너던 자코박(Jonathan Jakovac)은 우승 상금의 10%인 198,000달러(약 2억 3천만원)를 받았다. PGA 상금이 대회마다 다르지만, 우승자의 캐디인 경우 10만 달러 이상을 받은 것으로 알려져 있다. 투어 성적에 따라 캐디가 받는 금액은 다르지만, 통상 우승할 경우 상금의 10%, 10등 이내 7%, 11

등부터 5%의 비율로 받게 된다. 투어 캐디의 기본급은 주당 약 1,500~2,000달러이며, 주당 5,000달러 이상을 지급하는 프로 선수들도 있다.

프로 투어 경기에서 여자 캐디를 보기가 매우 어렵다. 반면, 아마추어 한국 골퍼들은 남자 캐디보다 여자 캐디들을 더 선호하는 데, 이러한 이유는 캐디가 무엇을 하는가에 대한 인식보다는 캐디가 단순 서비스직이라고 생각하기 때문이 아닐까 생각해 본다. 1999년 LPGA 투어에서 박세리가 연장전에서 버디를 기록한 것으로 알려진 경기에서 패배한 사람 중에 한 사람이 마디 룬(Mardi Lunn)이다. 그녀는 1968년생으로 호주 골프선수로 통산 5회 우승을 했는데, 2006년 은퇴 후 리사 홀(Lisa Hall)의 캐디가 된 것으로 더 유명하다.

여자 캐디가 PGA에서 활동한다면, 남자 캐디와 수익에서는 같다. 그러나 여자 캐디들의 대부분이 LPGA에서 활약하고 있고, LPGA가 PGA보다 상금이 훨씬 적기 때문에 여자 캐디들이 남자 캐디보다 수익 면에서 적다고 할 수 있다. 국내에서 투어 캐디는 주당 120만원~150만원 정도의 기본급을 받으며, 성적에 따라 우승상금의 3~7%까지 받는다. 우승할 경우 7%, 10등 이내 5%, 11등부터 3%가 캐디가 받게 되는 인센티브라고 할 수 있다.

국내 투어 캐디의 수입 격차는 매우 크다.

1부 투어 캐디의 평균 수입은 3천만원 ~ 4천만원 선으로 알려져 있으며, 당연한 이야기지만 선수의 성적이 좋아야 캐디의 수입도 좋아진다. 이제부터는 하우스 캐디의 수익에 대해서 알아보고자 한다. 하우스 캐디의 수익을 파악하기 위해서는 골프장 운영과 근무형태를 알아야 하는데, 그 이유는 캐디가 고정 급여를 받는 것이 아니라 매 라운드마다 캐디피와 오버피를 받기 때문에 골프장 운영과 캐디의 근무형태를 알아야 정확한 수익을 파악할 수 있다.

먼저, 국내 골프장은 1부, 2부, 3부로 나누어서 운영된다.

    1부는 이른 아침에 시작해서 늦은 오전까지
    2부는 늦은 오전에 시작해서 늦은 오후까지
    3부는 늦은 오후에 시작해서 거의 자정까지

시기별로 보면 동절기 시작인 12월부터 3월까지 2부제와 단부제로 운영되며, 눈이 많이 내리거나 스키장을 같이 운영하는 비발디파크CC, 소노펠리체CC같은 경우 동절기에는 휴장을 한다. 골프장은 4월부터 11월까지 3부제로 운영되며, 이때 팀 수는 보통 20줄 정도를 유지한다. 부연 설명하자면, 18홀 골프장인 경우 20줄은 전반 9홀, 후반 9홀로 이루어지기 때문에 40팀을 운영하는 것을 말하며, 27홀 골프장일 경우 60팀을 운영한다. 즉, 18홀 골프장이 1, 2, 3부를 운영할 경우 하루 약 120팀을 운영하게 되며, 27홀 골프장일 경우 180팀을 운영하게 된다.

하우스 캐디의 경우 다양한 근무 형태가 있다.

주말만 근무하는 주말반, 주중에만 근무하는 주중반, 하루에 1라운드만 일하는 원번반, 2부 한번만 일하는 마미반, 3부만 일하는 3부반, 하루에 2라운드 근무하는 전투반, 하루에 3라운드를 하는 54반 (1라운드가 18홀이기 때문에 3라운드 총 54홀이라서 54반이라고 한다) 등이 있다.

근무는 순번대로 진행된다.

이 때 캐디 본인과 다른 캐디의 대기를 바꾸는 경우가 있는데, 이를 대바(대기바꿈), 순바(순번바꿈)라고 한다. 이렇게 다양한 근무형태를 설명한 이유는 캐디는 1라운드를 나갈 경우 수익이 발생하는 데, 통상 1라운드당 캐디피는 12만원~15만원으로 책정되어 있으며, 캐디가 근무하기를 꺼려하는 3부가 1, 2부에 비해 1만원 정도 비싸다.

[표 6-3] 근무 형태별 캐디 연봉

분류		캐디피(1라운드)	근무일수(월)	연봉	특징	비고
하우스 캐디	54반	12만원~15만원	22	약 8,580만원	경력이 많음	10개월 기준
	전투반	12만원~15만원	22	약 5,720만원	남자들이 많음	10개월 기준
	원번반	12만원~15만원	22	약 3,432만원	가정주부가 많음	12개월 기준
	주중반	12만원~15만원	22	약 5,720만원		12개월 기준
	주말반	12만원~15만원	12	약 3,432만원	투잡, 학생	12개월 기준
마샬 캐디		6만원	22	약 1,320만원	카트 운전 + 거리 부르기	9개월 기준
인턴 캐디		8만원	22	약 352만원	캐디 교육생	2개월 기준
드라이빙 캐디		7만원	22	약 1386만원	카트 운전만	9개월 기준

- 하우스 캐디피는 평균 13만원으로 산정하여 계산하였고, 겨울철 단부제를 가정하여 10개월 근무하는 것으로 하였으며, 주5일 근무제가 아니지만, 주5일제를 가정하여 산출하였음. 실제로는 성수기에는 25회 이상 근무하는 경우도 많음
- 하우스 캐디가 부족함으로 인해서 생겨난 마샬 캐디와 드라이빙 캐디는 하루 1라운드를 기본으로 산정하였음
- 캐디 교육생인 인턴 캐디의 경우에도 교육생인 관계로 1일 1라운드와 교육기간이 두 달 이내이기 때문에 연봉이 아닌 두 달 기준으로 산정하였음
- 캐디피 이외의 금액인 오버피는 일정하지 않기 때문에 여기서는 누락시켰음

캐디가 얼마나 버는지에 관해서 자세하게 설명하였다.

2020년 현실은 캐디가 너무나도 부족하기 때문에 위에 설명한 것보다 훨씬 더 많은 근무를 해야 하며, 더 많이 일을 하기 때문에 더 많은 돈을 벌고 있다. 캐디는 열심히 일하면 돈을 아주 많이 벌 수 있는 직업이지만, 상대적으로 그 돈을 벌기 위해서는 시간을 볼모로 잡아야 한다. 캐디는 아픈 것도 마음대로 할 수 있는 것이 아니며, 정해진 순번에 의해서 무조건적으로 근무를 해야 하는 것도 현실이다.

순번대로 하지 않는 방법은 퇴사 밖에 없다.

물론, 돈을 많이 버니까 좋고 그것이 부럽다고 하는 사람들도 많을 것이다. 그러나 많은 직장인들이 저녁이 있는 삶을 추구하듯이, 캐디도 안정적인 삶을 살아갈 수 있도록 사회가 뒷받침을 해줘야 하며, 캐디가 전문가라는 사회적 인식이 필요하다. 캐디가 전문가로서 대우받기 위해서는 캐디 직업에 대한 심층적이고, 학문적인 연구가 필요하며, 캐디 교육 자체의 질과 커리큘럼이 체계화되어야 한다.

[그림 6-3] 3부가 진행중인 골프장 전경
[장소: 대형힐스CC 럭코스 1번홀]

SECTION 7

R&A 골프 룰로 본 캐디

골프는 영국을 대표하는 세계적인 스포츠다.

영국 스코틀랜드에 있는 '세인트 앤드류스 골프클럽(The Royal and Ancient Golf Club of St Andrews)'을 '골프의 고향(Home of Golf)'이라고 말하며, 세인트 앤드류스 골프클럽에서 라운드를 즐기기 위해서는 1년 전에 예약해야만 가능하다고 한다. 세인트 앤드류스 골프클럽의 정확한 명칭은 '왕립이며 오래된(The Royal and Ancient) 세인트 앤드류스 골프클럽'이다.

1754년에 만들어진 세인트 앤드류스 골프클럽은 세계에서 가장 오래된 골프 클럽 중 하나이며, 최초로 18홀이 만들어진 골프장이다. 세인트 앤드류스 골프클럽은 오래 전부터 골프에 관한 규칙 등을 만들었던 관리 운영 기구 중에 하나였다.

[그림 7-1] 세인트 앤드류스 스윌컨 브리지 18번 홀(18th Hole, Swilcan Bridge, St Andrews)

    The R&A는 The Royal and Ancient(Golf Club of St Andrews) 약자로 영국골프협회, 영국왕실골프협회, 영국왕립골프협회라고도 부른다. 1754년에 설립된 역사적 정통성을 갖고 있다는 의미로 계속해서 이 이름을 사용하고 있다. 여기서 Royal은 왕실이 후원한다는 의미, Ancient는 St. Andrews가 아주 오래된 도시라는 정통성을 갖고자 붙인 이름이다.

    회원간 모임에서 2004년부터 새로운 독립기관이 R&A로 다시 조직하였으며, USGA[47](미국골프협회, 미국과 멕시코를 관리함)와 함께 골프 규칙(Rule), 아마추어 상태에 관한 규칙, 골프 장비에 관한 기준을 제정하며, 세계에서 가장 역사가 오래된 국제 대회이며 메이저 대회인 '디 오픈(The Open)'과 각종 아마추어 대회, 시니어 대회를 주관한다. 현재, R&A는 전세계 143개국에 156개의 지부를 두고 3천만 명에 이르는 골프선수들도 관리 감독하는 업무를 총괄하고 있다.

The R&A와 USGA는 2019년 골프 룰을 개정하였다. 33년만에 바뀐 골프 규칙의 핵심은 규칙 간소화 및 규칙의 현대화, 경기 속도 단축이다. 개정된 규칙에는 24개 항목이 존재하며, 이 중 '규칙 10 스트로크의 준비와 실행; 어드바이스와 도움; 캐디'에서 10.2 어드바이스와 그 밖의 도움(Advice and Other Help), 10.3 캐디(Caddie) 부분은 캐디의 행위와 연결된 부분이라서 조금 더 자세하게 살펴볼 필요가 있다.

캐디가 라운드 중에 어떤 역할을 해야 하는지를 정의 내릴 때 가장 많은 도움이 되었던 것이 바로 R&A에서 규정한 캐디에 대한 정의와 역할에 관한 것이었기 때문에 본 장에서는 R&A가 캐디에 관해 기술한 내용에 대해서 설명하고자 한다.

R&A 공식사이트(randa.org)에 가면 한국어 서비스가 제공되고 있는데, 영어를 한국어로 그냥 번역해 놓았기 때문에 설명의 모호성과 의미의 불확실성이 존재하여 여기서는 공식 한국어 서비스 내용을 차용하지 않고 원문 그대로를 사용하여 설명하였다.

캐디는 경기 진행을 원활하게 하기 위해서 플레이어에게 골프 규칙을 알려주고, 중재를 담당할 수 있을 정도로 골프 규칙에 대해서 정통해야 하며, 라운드 중에 골프 규칙을 적용해서 플레이어에게 도움을 주어야 한다. R&A에서 정의한 내용을 보면, 캐디란 골퍼가 라운드하는 동안 플레이를 돕는 사람을 말하며, 캐디가 플레이어에게 도움을 줄 수 있는 방법은 크게 세 가지로 나누어 볼 수 있다.

첫째, 클럽에 관한 것

- 캐디는 플레이어가 플레이를 하는 동안 카트(Cart)나 트롤리(Trolly)를 이용하여 클럽을 운반하거나 가지고 다닐 수 있다.
- 플레이를 하는 동안 플레이어의 클럽을 핸들링(Handling)하는 것으로, 핸들링이란 캐디가 플레이어의 클럽을 플레이어에게 전달하는 것을 말한다.
- 플레이어가 캐디로 지명하지 않았을 지라도 플레이어의 클럽을 운반하거나, 가지고 다니거나, 핸들링을 하고 있다면, 그 플레이어의 캐디다.
- 캐디로 지명되지 않은 사람이 플레이어가 깜빡하고 놓고 간 클럽을 가져다 주거나, 가방을 가져다 주거나, 경기에 방해가 되지 않도록 카트를 치워주는 것만으로는 그 사람을 그 플레이어의 캐디라고 할 수 없다.

둘째, 어드바이스(Advice: 조언)을 하는 것

- 플레이어의 캐디(파트너와 파트너의 캐디 포함)는 그 플레이어가 조언을

구할 수 있는 유일한 사람이다.
- 어드바이스란 플레이어가 클럽을 선택하거나, 스트로크[48]를 하거나, 플레이 방법을 선택하려고 할 때 플레이어에게 영향을 끼치게 하는 말이나 행동을 말한다.
- 스트로크를 할 때, 전에 몇 번 클럽을 사용했는지 보여주는 행위도 어드바이스에 해당한다.
- 캐디가 퍼팅그린에서 플레이어의 플레이 선(Line of Play)을 가리킬 수 있다.
  즉, 라인을 확인하고 고객에게 자신이 본 라인을 알려주고, 라이를 놓을 수 있다.
- 아래의 네 가지는 조언이 아니라 정보를 제공하는 것이다.
  • 홀, 퍼팅그린, 페어웨이, 패널티지역, 벙커 같은 코스 내에 어떤 것들이 있는지 알려주는 것
  • 다른 플레이어의 볼이 어디에 있는 지 알려주는 것
  • 거리를 알려주는 것
  • 골프 규칙을 알려주는 것

셋째, 규칙 10.3b에 허용된 다른 것들을 도와주는 것으로, 규칙 10.3b는 바로 아래에 자세하게 설명할 것이다.

2019년에 R&A와 USGA에서 개정된 규칙 10.3은 캐디에 관한 규정으로 라운드 중에 캐디가 할 수 있는 일과 할 수 없는 일에 관한 것으로, 본 규칙의 목적은 '플레이어가 라운드 동안 자신의 클럽을 운반하고 ②조언과 ③그 밖의 도움을 주는 캐디를 쓸 수 있지만, 캐디에게 허용되는 행동에는 한계가 있고, 플레이어는 라운드 동안 캐디가 한 행동에 대한 책임을 져야 하며, 캐디가 규칙을 위반하면 페널티를 받아야한다.'는 것이다.

캐디는 골프 규칙에 정통해야 한다.

라운드 중에 볼을 처리하는 방법 등이 다 규칙에 적용을 받기 때문인데, 이러한 규칙을 플레이어에게 올바르게 적용하기 위해서 규칙을 정확하게 이해해야 하며, 캐디가 알아야 할 규칙은 다음 장에 설명하기로 하고, 여기서는 R&A에서 규정한 캐디에 관한 규칙을 자세하게 살펴보고자 한다.

10.3.a 캐디는 라운드 동안 플레이어를 도울 수 있다

첫째, 플레이어는 한 번에 한 캐디만 쓸 수 있다.

플레이어는 라운드 동안 자신의 클럽을 운반하고, 가지고 다니며, 클럽 핸들링을 해 주면서 다양한 조언과 그 밖의 허용된 방식의 도움을 주는 캐디를 쓸 수 있다.

그러나, 아래 두 가지에 대해서는 제한을 받다.
- 플레이어는 어떠한 경우에도 한 사람 이상의 캐디를 쓰면 안 된다.
- 플레이어는 라운드 동안 캐디를 바꿀 수는 있지만, 일시적으로 조언을 받으려는 목적만으로 캐디를 바꿔서는 안 된다.

플레이어가 캐디를 고용하건 안 하건 간에, 플레이어와 ①함께 걷거나 카트를 타고 가거나 ②플레이어를 위하여 먹을 것, 마실 것, 비옷, 우산 등을 가져다주는 사람은 플레이어가 지명하지 않았다면 캐디가 아니다. 그러나, 플레이어가 지명하지 않았다고 해도, 플레이어의 클럽을 운반하고, 가지고 다니며, 클럽 핸들링을 해 주고 있다면 캐디다. (캐디 업무를 하지 않았다면 캐디가 아니라는 의미이며, 캐디는 캐디 본연의 역할만 하면 된다는 의미도 포함되어 있다.)

둘째, 둘 이상의 플레이어들이 한 캐디를 쉐어(share)할 수 있다.

플레이어들이 쉐어한 캐디의 특정한 행동으로 인한 룰(Rules) 이슈가 생겨서, 어떤 플레이어가 영향을 받을 지 결정할 필요가 있을 때:

- 캐디의 행동이 특정한 플레이어의 지시에 의한 행동이라면, 그 행동은 해당 플레이어가 책임져야 한다.
- 아무도 캐디에게 특정한 행동을 하라고 지시하지 않았는데도, 그 행위를 했다면, 캐디의 행위가 영향을 미친 볼의 소유자가 책임을 진다.

참고로, R&A는 캐디를 쓸지 안 쓸지에 관해서는 해당 골프장의 고유한 권한으로 여기고, 이 부분에 대해서는 '해당 골프장의 로컬 룰에 따른다.'고 규정하고 있다. (「위원회 절차」 섹션8; 로컬룰 모델 H-1)

규칙 10.3a의 위반에 대한 페널티:

- 한 번에 둘 이상의 캐디로부터 도움을 받은 경우, 플레이어는 도움을 받은 각 홀에 일반 페널티[19]를 받는다.
- 규칙 위반이 두 홀 사이에서 발생하거나, 연속해서 발생했을 경우에 해당 플레이어는 다음 홀에서 일반 페널티를 받는다.

10.3.b 캐디가 할 수 있는 행동

캐디에게 허용되는 행동과 허용되지 않는 행동은 다음과 같다.

첫째, 언제든지 허용되는 행동:

규칙에 따라 허용되는 경우에는 언제든지 다음과 같은 행동을 할 수 있다.

- 플레이어의 클럽을 운반하고, 가지고 다니며, 핸들링 할 수 있으며,

카트나 트롤리와 같은 플레이어에게 필요한 장비를 운전하고 이동시키는 일
- 플레이어의 볼을 찾는 일(규칙 7.1)
- 스트로크 하기 전에, 정보(Information)나 어드바이스 또는 그 밖의 도움을 제공하는 일(규칙 10.2a와 10.2b)
- 벙커를 정리하거나 코스 보호를 위한 행동(규칙 8.2와 8.3의 예외 규정, 규칙 12.2b(2)와 (3))
- 퍼팅그린에 있는 모래와 흩어진 흙을 제거하고 손상된 부분을 수리하는 일 (규칙 13.1c)
- 깃대를 빼거나 잡아 주는 일(규칙 13.2b)
- 퍼팅그린에서 플레이어의 볼을 마크하고 그 볼을 집어 올리고, 리플레이스(Replace)[50] 하기(규칙 14.1b의 예외 규정과 14.2b)
- 플레이어의 볼을 닦는 일(규칙 14.1c).
- 루스임페디먼트[51]와 움직일 수 있는 장해물을 제거하는 일(15.1과 15.2).

둘째, 플레이어의 위임을 받았을 때만 허용되는 행동:

규칙에서 허용하는 경우와 플레이어의 위임(플레이어는 한 라운드를 통틀어서 위임할 것이 아니라, 반드시 각 경우마다 특정하여 위임을 하여야 한다)을 받은 경우에 한하여, 캐디는 다음과 같은 행동을 할 수 있다.
- 플레이어의 볼이 멈춘 후 악화된 상태를 복구하는 일(규칙 8.1d)
- 플레이어의 볼이 퍼팅그린 이외의 곳에 있는 경우, 규칙에 따라 그 볼을 ①리플레이스하여야 할 때 또는 플레이어가 규칙에 따라 ②구제를 받기로 결정하였을 때 그 볼을 집어 올리는 일(규칙 14.1b)

셋째, 허용되지 않는 행동:

플레이어를 위해서 다음과 같은 행동은 허용되지 않는다.
- 상대방에게 홀 또는 매치에서 다음 스크로크를 컨시드[52] 하거나, 상대방과 매치 스코어에 합의하는 일(규칙 3.2)

- 고의적으로 플레이어가 스트로크를 하기 위해 스탠스를 취했을 때부터 스트로크할 때까지 플레이어의 볼 뒤, 플레이의 연장선상이나 그 선 가까이에 서 있거나, 규정에 금지된 행위(규칙 10.2b, 그림 참조)
- 캐디 자신이 집어 올리거나 움직이지 않은 볼을 리플레이스하는 것(규칙 14.2b) 이렇게 플레이어가 집어 올린 볼을 캐디가 리플레이스한 볼을 플레이어가 그냥 플레이했다면, 1벌타가 주어진다.
- 구제구역에서 볼을 드롭[53]하거나 놓는 일(규칙 14.3)
- 규칙에 따라 구제를 받을 것인지 결정하는 일(예, 규칙 19에 따라 언플레이어블을 선언한 볼의 처리, 규칙 16.1 또는 17에 따라 비정상적인 코스상태나 페널티 구역[54]으로부터 구제를 받는 경우)
- 캐디가 플레이어에게 조언할 수는 있지만, 그 결정은 반드시 플레이어 자신이 해야 한다.

10.3.c 플레이어는 캐디의 행동과 규칙 위반에 대하여 책임을 진다.

플레이어의 라운드 동안과 규칙 5.7a에 따라 플레이가 중단된 동안에 캐디가 한 행동에 대한 책임을 져야 한다. 그러나 라운드 전이나 후의 캐디의 행동에 대한 책임은 없다. 캐디의 행동이 규칙을 위반하거나, 그 행동으로 인해서 플레이어가 행위를 해서 규칙을 위반하였다면, 플레이어는 규칙에 의하여 페널티를 받는다. 룰 적용은 특정 사실에 대해서 플레이어가 알고 있는지에 따라서 결정되는데, 어찌되었던 간에 캐디가 알고 있었다면 플레이어도 알고 있는 것으로 간주된다.

[그림 7-2] 캐디가 허용되는 행위와 허용되지 않는 행위

[출처: randa.org]

플레이어가 스트로크를 하기 위해 스탠스를 취했을 때부터 스트로크할 때까지 고의적으로 플레이어의 볼 뒤, 플레이의 연장선상이나 그 선 가까이에 서 있으면 안 된다.

SECTION 8 캐디가 반드시 알아야만 하는 골프 룰

270여년의 역사를 가진 골프 규칙이 33년만인 2019년에 바뀌었다.

현대적인 언어로 용어를 바꾸었고, 경기 속도를 빠르게 할 수 있도록 하였으며, 누구나 이해할 수 있도록 명확하게 만들었다. 물론, 플레이어는 기본적으로 명예와 진실성을 우선으로 하며, 모든 플레이어가 스스로 감독 주체가 되어 플레이해야 한다는 골프 본래의 정신에 바탕을 둔 규칙이다. 변경된 규칙은 플레이어가 골프에 처음 입문하더라도 골프에 대한 이해도를 높이는데 많은 노력을 기울였으며, 현대적 기준에 맞게 골프 규칙을 웹과 앱을 통해서 접근하기 편하게 하였고, 필요한 부분은 동영상을 곁들여서 설명하고 있다.

골프 규칙을 설명하기 전에 먼저 변경된 용어를 정리해서 [표 8-1]과 같이 한 눈에 알아보기 쉽게 만들었고, 그 다음으로 캐디가 라운드 중에 반드시 알아야 하는 중요한 규칙에 관해서 실제 위반사례를 곁들여 설명하였다.

골프 규칙이 획기적으로 바뀌었다고 하지만 변하지 않은 것들도 많이 있다.

예를 들어, 인플레이(Inplay)볼이나 교체된 볼 또는 스트로크 플레이에서 제2의 볼 개념, 잘못된 볼이나 잘못된 장소에서 플레이했을 때 처리 방법, 친 볼이 연못이 있는 곳으로 날아갔을 때, 물에 빠졌을 것이라는 심증만이 아니라 95% 물에 빠졌을 것이라는 심증이 없을 때는 당연히 분실 구(Lost ball) 처리를 하고 스트로크와 거리에 대한 구제를 받아야 한다. 이제부터 캐디가 경기를 진행하면서 꼭 알아야만 하는 것들을 설명하고자 한다.

1. 변경된 용어

변경된 룰의 핵심은 플레이어들이 골프를 쉽고 빠르게 즐길 수 있도록 만들기 위해서다. 이해하기 편하게 [그림 8-1]과 [표 8-1]를 비교하면서 읽어보면 좋겠다.

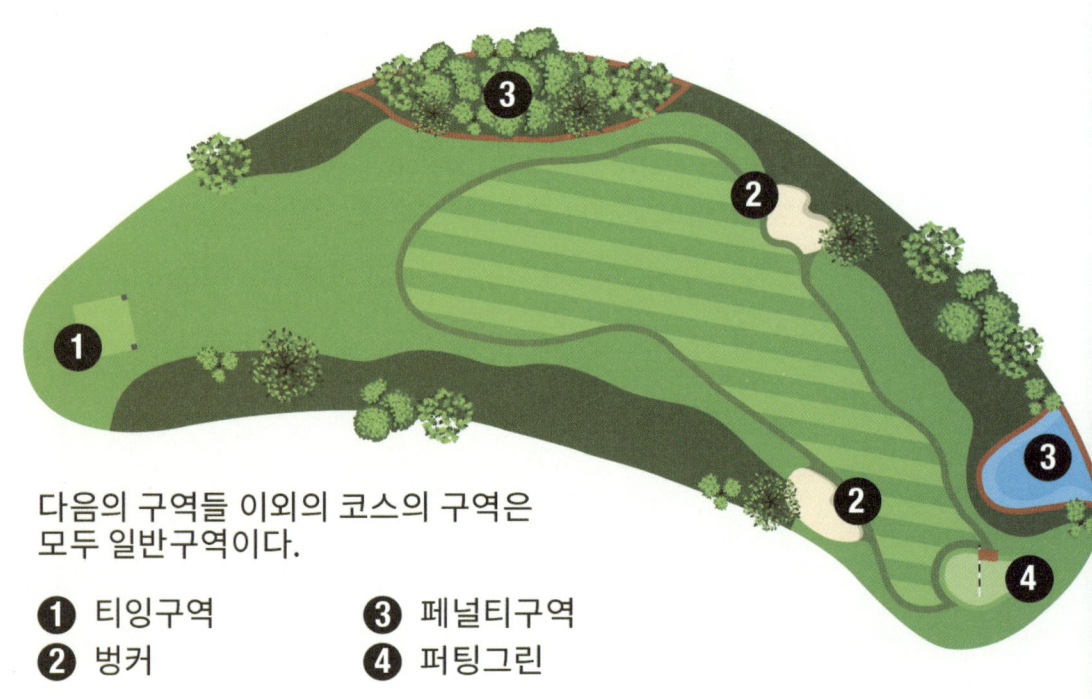

[그림 8-1] 코스의 구역   [출처: randa.org]

아래 [표 8-1]을 보면, 우리가 라운드 중에 흔하게 이야기하는 해저드라는 용어는 2019년 룰에서 완전히 배제되어서 이제는 페널티 구역이라고 이야기하여야 한다.

[표 8-1] 변경된 용어, 새로운 용어, 삭제된 용어

순서	변경 전	변경 후	비고
1	티잉 그라운드(Teeing Ground)	티잉 구역(Teeing Area)	
2	스루 더 그린(Through The Green)	일반 구역(General Area)	
3	해저드(Harzard)	페널티 구역(Penalty Area)	
4	워터 해저드(Water Harzard)	노란 페널티 구역(Yellow Penalty Area)	
5	래터럴 워터 해저드(Lateral Water Harzard)	빨간 페널티 구역(Red Penalty Area)	
6	캐주얼 워터(Casual Harzard)	일시적으로 고인 물(Temporary Water)	
7	국외자(Outside Agency)	외부 영향(Outside Influence)	
8	스코어 카드(Score Card)	스코어카드(Scorecard)	
9	비정상적인 그라운드 상태(Abnormal Ground Condition)	비정상적인 코스 상태(Abnormal Course Condition)	
10	가장 가까운 구제지점	가장 가까운 완전한 구제지점(Nearest Point of Complete Relief)	
11	퍼팅 라인 또는 퍼트 라인(Line of Green)	플레이 선(Line of Play)	
12	경쟁자(Competitor)	플레이어(Player)	
13	잘못된 퍼팅 그린(Wrong putting Green)	롱 그린(Wrong Green)	
14	과도한 지연 플레이(Undue Play)	비합리적인 지연 플레이(Unreasonalbe Delay)	스트로크플레이어에서는 2벌타 매치플레이에서는 홀 패배
15	비긴 홀(Halving a Hole)	비긴 홀(Tying on a Hole)	매치플레이에서
16	무승부(All Square)	무승부(Tied Match)	매치플레이에서
17		일반 페널티(General Penalty)	스트로크플레이어에서는 2벌타 매치플레이에서는 홀 패배

18	레디 골프(Ready Golf)	신설
19	코스의 구역(Areas of the Course)	신설
20	동물이 판 구멍(Animal Hole)	신설
21	클럽 길이(Clue-lbngth)	신설
22	스트로크에 영향을 미치는 상태 (Conditions affecting the Stroke)	신설
23	알고 있거나 사실상 확실한 (Known or Virtually the Certain)	신설
24	자연의 힘(Natural Forces)	신설
25	구제 구역(Relief Area)	신설
26	최대한의 구제 지점 (Point of Maximum Avaible Relief)	신설
27	스트로크와 거리 (Stroke and distance)	신설
28	러브 오브 더 그린 (Rub of the Green)	삭제
29	동반 경기자(Fellow-Competitor)	삭제
30	포어 캐디(Forecaddie)	삭제

2. 라운드 시작 시간 준수(규칙 5.3)

캐디가 지켜야 할 3 ups이라는 것이 있다. 현대적 기준에 맞지 않다고 말하는 사람들도 있지만, 여전히 캐디가 지켜야 할 것으로 3 ups(Show Up, Shut Up, Keep Up)를 이야기한다.

"Show up"은 캐디가 제 시간에 나타나서 라운드를 준비해야 한다는 의미이다. 시간을 지킨다는 것은 캐디만이 지켜야 하는 것이 아니라 플레이어도 지켜야만 하는 골프의 당연한 규칙이다.

이 규칙은 매우 엄격한데, 위원회가 규정한 티 오프(Tee-Off) 시간을 정확하게 지키지 않으면, 이에 따른 페널티는 실격이다. 다만, 티 오프 시간보다 5분 늦게 출발 지점에 도착했을 경우 플레이어는 첫번째 홀에서 일반 페널티를 받고, 티 오프 시간보다 5분 빨리 출발했을 경우에도 일반 페널티를 받는다.

2019년 5월 PGA Championship에서 데이비드 립스키(David Lipsky)가 2라운드 티 오프 시각이 금요일 12시 43분이었는데, 그 시각에서 몇 초 지난 후 티 오프 지점에 도착했다. 위원회가 규정한 시작 시간은 플레이어가 시작해야만 하는 정확한 시간을 말하기 때문에 몇 초 차이라도 규칙을 위반한 것이 되기 때문에 결국 립스키는 2페널티를 받았다. 데이비드 립스키는 4라운드 +12 공동 71위로 경기를 마쳤으며, 만약 제 시간에만 나타났다면, 공동 60위가 되었을 것이다.

[그림 8-2] 출발 시간에 늦게 나타나 2페널티를 받은 데이비드 립스키(David Lipsky)

[출처: golf.com, getty images]

3. 클럽은 최대 14개(규칙 4.1b)

골프백에는 최대 14개의 클럽만 넣을 수 있다는 규정은 1938년 미국 USGA가 처음 정하였고, 1939년 영국 R&A에서 채택하여 현재까지 내려오고 있다.

1930년대 초반까지는 플레이어들이 사용하는 클럽 수에 제한이 없었으나, 1934년과 1935년 US아마추어챔피언쉽(The Country Club에서 2년 연속 개최)과 브리티시아마추어챔피언쉽(Prestwick Golf Club, Royal Lytham & St. Annes Golf Club에서 개최) 모두를 2년 연속 제패한 미국의 로슨 리틀(Lawson Little)[55] 때문에 클럽이 14개로 제한되었다.

당시 영국 선수들은 10개 안팎의 클럽을, 미국 선수들은 보통 20개 이상의 클럽을 골프백에 넣고 플레이하였는데, 로슨은 32개 클럽을 가지고 대회에 출전했다. 이에 로슨의 캐디가 너무 무겁다고 오버 차지를 요청했고, 로슨이 이에 응하면서, 관계자들 사이에서 클럽의 수를 제한해야 한다는 요구가 생겼다.

로슨을 시샘한 다른 골퍼들이 로슨의 우승은 클럽 덕분이라고 비난했으며, 이 이후로 1938년부터 현재까지 골프클럽은 14개로 제한되었다. 이 규정을 위반하면 스트로크플레이에서는 위반이 일어난 첫 2홀에서 각각 2페널티, 한 라운드 최대 4 페널티가 부과된다.

한 가지 재미있는 사실은 클럽 덕분에 우승했다는 소리를 듣던 로슨이 클럽 수 제한을 받고 플레이를 했던 1940년 US오픈에서도 우승을 차지했다는 사실이다. 클럽의 수와 골프 실력과는 상관관계가 많아 보이지는 않는다.

클럽에 관한 14개 조항과 더불어 알아두어야 할 것이 있다.

플레이어들이 클럽을 공동으로 사용할 수 없다는 규정이다. 단, 파트너플레이 방식의 경기에서 파트너들의 클럽의 총수가 14개 이하인 경우에 한해서는 파트너들이 클럽을 공동으로 사용할 수 있다는 제한적 규정이 있다.(규칙 22.5와 23.7) 라운드 중에 클럽을 분실하거나 클럽이 손상되었을 경우에도 교체할 수가 없다.

뒤에 설명할 2019년 PGA Tour 노던 트러스트(THE NORTHERN TRUST) 2라운드에서 로리 맥길로이에게 행운이 있었다면, 웹 심슨(Webb Simpson)에게는 규정에 따른 불행이 찾아왔다.

3번 홀에서 웹 심슨은 드라이버를 치는 순간, 클럽에 손상이 있다는 것을 알았지만, 새로운 규정은 클럽이 손상되었을 때, 수리하거나 손상된 클럽을 계속해서 사용해야만 했다. 변경된 규정에 따라 손상된 클럽을 바꿀 수 없었다. (규정 4.1) 로컬 룰이 적용되지 않는 경기였기 때문에 헤드 페이스가 깨진 드라이버를 계속해서 치다 보니, 결과가 좋지 않았고 후반 9홀은 우드 3번으로 드라이버를 대신해서 플레이를 했다. 규정의 변경은 누구나 에게 공평하지는 않은 것 같다.

이 규정에 대한 반발이 계속 있자, 2019년 4월부터 로컬 룰에 손상된 클럽을 바꿀 수 있는 규정을 만들었고, PGA 경기라도 로컬 룰을 적용하면 손상된 클럽을 바꿀 수 있게 되었다.

4. 티잉 구역(Teeing Area) 안에 볼이 있어야 함(규칙 6.2)

티잉 그라운드(Teeing Ground 줄여서 T/G, 또는 티 박스)라는 용어가 티잉 구역이라는 용어로 변경되었다.

티잉 구역 밖에서 티샷을 하면, 2페널티를 받게 된다. 그림처럼 볼의 일부가 티잉 구역에 닿아 있거나 티잉 구역 위에 있는 경우, 그 볼은 티잉 구역에 있는 볼이다. 티잉 구역 밖에서 친 볼은 인플레이가 아니기 때문에 2페널티를 받고, 다시 쳐야 한다. 이 때, 볼은 티잉 구역 안에 있고, 스탠스를 티잉 구역 밖에서 취한 경우에는 아무런 문제가 되지 않는다.

스트로크(Stroke)나 어드레스(Address)를 하는 중에 플레이어 간에 문제가 발생할 소지가 두 가지 있는데, 하나는 헛스윙(Air Shot, Air Ball, Whiff) 했을 경우고, 다른 하나는 티에 올려진 공이 어드레스할 때 바람이나 기타 이유로 떨어지는 경우다.

쉽게 판단할 수 있는 것부터 설명하자면, 어드레스 하는 중에 티에서 공이 떨어진 경우에는 페널티 없이 다시 티업(Tee-up)을 할 수 있으며, 볼이 티에서

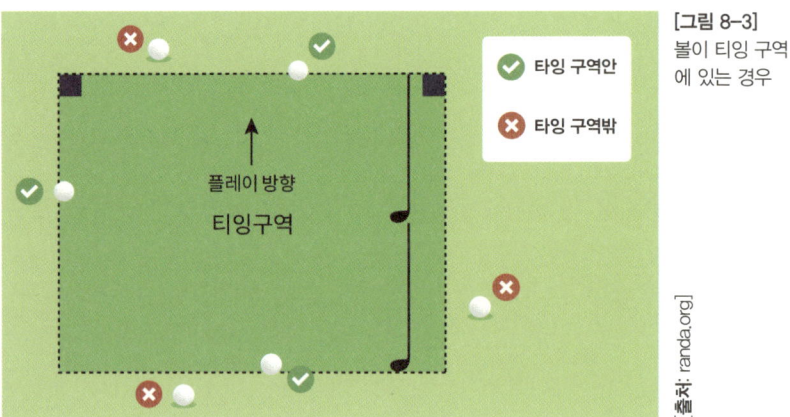

[그림 8-3]
볼이 티잉 구역에 있는 경우

[출처: randa.org]

떨어지는 도중이나 떨어진 후에 플레이어가 그 볼에 스트로크를 하는 경우에는 페널티는 없지만 그 스트로크는 타수에 포함되며, 그 볼은 인플레이볼이다.

헛스윙을 했을 경우에는 의도가 있었다면 1페널티를 받지만, 의도가 없었다면 페널티 없이 다시 칠 수 있다. 문제는 의도가 있었는지 없었는지를 판단하는 것이다. 플레이어가 의도가 없는 연습 스윙이라고 주장하면, 어쩔 수 없이 페널티가 없기 때문에 라운드 중에 캐디는 플레이어 입장에서 헛스윙을 연습 스윙으로 간주하는 것이 좋을 때가 많다.

규정이 변경되기 전에는 세컨 샷이나 써드 샷일 경우 먼 거리에 있는 플레이어부터 경기를 진행하였으나, 변경된 규칙에 따라서는 안전이 확보된 상태에서 순서와 관계없이 플레이할 수 있다. 이를 준비된 골프, 레디 골프(Ready Golf)라고 한다.(규칙 6.4b)

5. 코스는 있는 그대로 플레이해야 함(규칙 8)

캐디가 꼭 기억해야 하는 규칙의 핵심은 코스는 있는 그대로 받아들이고 플레이해야 한다는 것이다.

해도 되는 행동은
- 자신의 볼을 발견하고 확인하기 위한 합리적인 행동으로 올바르게 볼을 찾는 행동
- 루스임페디먼트와 움직일 수 있는 장해물 제거
- 볼을 마크하고, 그 볼을 집어 올리고 리플레이스하기 위한 행동
- 클럽을 볼 바로 앞이나 뒤의 지면에 가볍게 대는 행동. 단, 클럽으로 지면을 누르거나, 벙커에서 볼 바로 앞뒤의 모래에 클럽이 닿거나 모래를 건드리는

행동은 하면 안 된다.
- 견고한 스탠스를 만들기 위해서 모래나 흩어진 흙을 발로 비비는 행동
- 티잉 구역에서 티를 지면에 꽂거나 놓아두는 행동
- 벙커에서 플레이한 후에 코스 보호를 위해 모래를 평평하게 고르는 행동

6. 볼은 놓인 그대로 플레이해야 하며, 볼을 찾는 시간은 3분 (규칙 9, 11, 18)

'볼은 놓여 있는 그대로 플레이를 하여야 한다'는 것은 골프의 핵심 원칙에 관한 것이다. 볼이 놓인 그대로 플레이를 해야 하는데, 볼이 정지한 후 바람과 같은 자연의 힘에 의해서 움직인 경우에는 반드시 그 새로운 지점에서 플레이를 해야 한다. 스트로크를 하기 전에 사람이나 외부의 영향이 정지한 볼을 집어 올리거나 움직인 경우에는 그 볼은 반드시 원래의 지점에서 리플레이스하여야 한다.

플레이어나 플레이어의 캐디가 정지된 볼을 집어 올리거나 고의로 건드리면, 플레이어는 1페널티를 받게 되며, 다음과 같은 경우에는 페널티 없이 리플레이스 또는 플레이스한다.

- 그 볼을 집어 올린 후 원래의 지점에 리플레이스하는 것을 허용하는 규칙
- 움직인 볼을 원래의 지점에 리플레이스할 것을 요구하는 규칙
- 플레이어가 볼을 다시 드롭하거나 플레이스하거나 다른 장소에서 플레이할 것을 요구하거나 허용하는 규칙
- 볼이 발견되기 전에 우연히 움직인 경우
- 퍼팅그린에서 우연히 움직인 경우
- 퍼팅그린 이외의 곳에서 규칙을 적용하는 동안 우연히 움직인 경우
- 위 규칙을 위반하여 잘못된 볼이나 잘못된 장소에서 플레이한 경우에는 일반 페널티가 부과된다.

또한, 경기 속도를 빠르게 하기 위해서 볼을 찾는 시간은 5분에서 3분으로 단축시켰다.

7. 드롭은 무릎 높이에서(규칙 14.3)

변경된 룰에서 가장 확연하게 눈에 띄는 것은 볼을 드롭하는 높이다. 변경 전에는 어깨 높이에서 드롭을 하였는데, 변경된 규칙에서는 아래 그림과 같이 무릎 높이에서 드롭하여야 한다.

■ 허용되는 경우

[그림 8-4] 드롭 높이

■ 허용되지 않는 경우

[출처: randa.org]

[그림 8-5]
구제구역에서
드롭하는 방법

[출처: randa.org]

    어깨 높이에서 무릎 높이로 내려온 이유는 볼을 무릎 높이에서 떨어뜨리면 볼이 튀겨서 멀리 갈 일도 줄어들고, 다시 드롭할 가능성도 낮추고 이에 따라 플레이 시간을 단축시킬 수 있기 때문이다.

    드롭할 때는 원래의 볼 뿐만 아니라, 다른 볼도 사용할 수 있게 하여, 플레이어에게 선택의 폭을 넓혀주었고, 드롭하는 방법도 위 그림에 보여지는 대로, 구제 구역 내에 볼이 먼저 닿아야 하며, 떨어진 볼도 구제 구역 내에 있어야 한다. 구제 구역을 벗어났을 경우에는 드롭을 다시 해야 하며, 다시 해도 벗어났을 경우에는 두번째 드롭했을 때 처음 지면에 공이 닿은 위치에 볼을 놓아야 한다.

이 때, 중요한 것은 구제 구역을 설정하는 방법으로 퍼터를 제외하고 가장 긴 클럽(보통 드라이버)의 한 클럽, 두 클럽 길이를 기준으로 삼는다.

2019년 2월에 열린 WGC-Mexico Championship 2라운드에서 리키 파울러(Rickie Fowler)가 세컨 샷에서 OB가 나 1페널티를 받고, 불행하게도 어깨 높이에서 볼을 드롭하고, 그 사실을 모른 채 플레이를 계속하다 1페널티를 또 받게 된다. 헨릭 스텐슨(Henrik Stenson)이 아부다비 골프챔피언쉽에서 같은 실수를 저질렀는데, 다행이 다음 샷을 하기 전에 드롭 규칙 위반을 알고 다시 정정해서 샷을 하였기 때문에 페널티를 받지 않았다.

오래된 습관은 쉽게 사라지지 않는다.

[그림 8-6] 드롭 규칙을 위반한 리키 파울러(Rickie Fowler)

[출처: golfchannel.com 캡처]

8. 캐디가 플레이 선(Line of Play)의 볼 후방에 있으면 안됨

캐디는 플레이어를 위해서 허용되지 않는 것을 [그림 7-2](103p 참조)에서 아주 쉽게 설명하고 있다.(규칙 10.2b) 2019년 1월 유러피안투어 오메가 두바이 데저트 클래식(Omega Dubai Desert Classic) 4라운드 18번 홀 그린에서 리하오통(Li, Haotong)이 스탠스에 들어갈 때, 그의 캐디 마이크 버로우(Mike Burrow)가 플레이 선 후방에서 빠져나가고 있다.

실제 동영상을 슬로우 모션으로 보면, 규칙 위반인지 판단하기 애매모호하지만, 이를 아래 [그림 8-7]처럼 캡쳐를 해서 보면, 명확하게 규칙 위반 사실이 드러난다.

R&A에서 규칙 10.2b위반과 10.3b의 캐디가 고의적으로 플레이 선의 연장선에 있었다고 판단하여 2페널티를 받아 버디가 보기가 되었고 그 여파로 공동 3위로 끝낼 라운드가 공동 12위로 밀려났다. 골프 관련 기사에서는 100,000USD(한화로 약 1억원) 페널티로 많이 기사화되었다.

[그림 8-7] 캐디가 플레이 선의 볼 후방에 있어 2페널티를 받은 리 하오통(Li, Haotong)

[출처: youtube.com 캡쳐]

9. 볼(Ball) 확인 및 교체 가능

　규칙 4.2에 볼에 관한 규정을 볼 수 있다. 가장 중요한 변화는 다른 볼로 교체할 수 있는 규정인데, 변경되기 전에는 한 홀에서 동일 브랜드 볼로 플레이를 해야 했는데, 구제를 받을 때 다른 브랜드의 볼을 사용해도 된다.

　원래 사용하던 볼이 갈라지거나 금이 갔을 경우에 플레이어는 반드시 다른 볼이나 원래의 볼을 원래의 지점에서 리플레이스하여야 하며, 단지 긁히거나 흠집이 생기거나 칠이 벗겨지거나 변색이 되었다는 이유로는 다른 볼로 교체할 수 없다. 이를 위반할 경우 일반 페널티가 적용된다.

　볼에 금이 갔는지, 자신의 공이 맞는지를 확인하기 위해 볼을 집어 올려서 확인할 수 있다. 단, 볼을 집어 올리기 전에 반드시 그 볼의 지점을 마크하여야 하며, 집어 올린 볼을 닦아서는 안 된다.(퍼팅그린에서는 예외) 집어 올리기 전에 마크를 안 했거나, 볼을 닦았을 때는 1페널티를 받는다.

10. 벙커에서 루스임페디먼트를 움직이거나 제거할 수 있음
(규칙 12.2a, 15.1)

　모래에서 볼을 플레이하는 능력을 테스트하기 위해서 만들어 놓은 것이 바로 벙커다. 벙커에서 스트로크를 하기 전에 벙커에 있는 모래를 건드려서 라이를 개선하는 일체의 행위는 금지되어 있지만, 루스임페디먼트와 움직일 수 있는 장해물은 제거할 수 있다.

　2019년 PGA Tour 노던 트러스트(THE NORTHERN TRUST) 2라운드 14번 홀 벙커에서 로리 맥길로이(Rory Mcilroy)가 볼 밑에 있는 것이 루스임페디먼트인 작은 조약돌이라고 생각해서 건드리는 순간 모래라는 것을 깨닫고 의원회를 불러서 경기가 잠시 중단되었다.

규칙 12.2a에 따라서 조그마한 돌이라면 No 페널티로 경기를 진행할 수 있는데, 로리도 만지는 순간 알게 된 것처럼 돌이 아니라 모래가 뭉쳐 있던 것으로 루스임페디먼트가 아니었기 때문에 위원회 판단 요청을 하였고, 플레이 중에는 2페널티를 받았으나, 라운드 후 PGA 투어 룰과 경기 부회장 슬러거 화이트(Slugger White)와 자문 결과 2페널티를 취소하였다.

[그림 8-8] 로리 맥길로이가 볼 뒤를 가리키며 설명하고 있는 모습

[출처: pgatour.com 캡처]

여기서 주의할 점은 루스임페디먼트를 제거함으로써 볼이 움직일 가능성이 있으면 제거할 수 없다. 만약 제거해서 공이 움직였으면 1페널티를 받게 되며, 루스임페디먼트는 다시 원래 위치로 가져다 놓지 않아도 된다.

11. 벙커에서 백스윙 또는 연습 스윙할 때 볼을 기준으로 바로 앞과 뒤의 모래에 닿을 수 없음(규칙 12.2b)

2020년 WGC 멕시코 챔피언쉽(Mexico Championship) 우승은 2020년 11월 셋째주 Official World Golf Rankings(CBS Sports) 세계랭킹 11위인 미국의 패트릭 리드(Patrick Reed)가 차지하였다. 2018년 메이저 대회인 마스터스에서 챔피언에 등극한 이래로 PGA 통산 9승을 달성한 것이다.

WGC는 1999년에 처음 시작되었고, 멕시코 챔피언쉽은 스트로크 플레이 방식으로 대회가 치러진다. 멕시코 챔피언쉽은 원래 세계 여러 나라를 돌아다니면서 경기를 치렀으나, 2006년부터 플로리다 도랄 리조트(Doral Resort)에서 열리게 되었다. 패트릭 리드는 '캡틴 아메리카'라는 명예스러운 별명과 규정 위반 상습범이라는 오명도 가지고 있다.

[그림 8-9]는 2019년 타이거 우즈가 주최한 Hero World Challenge에서 연습 스윙을 하면서 라이를 개선하는 규칙 위반 장면을 캡처한 것이다. 이 당시 벙커에서 연습스윙을 하면서 두 차례나 볼 뒤에 있는 모래를 클럽으로 쓸어 치운 장면이 카메라에 그대로 담겼다. 연습스윙을 하면서 모래를 건드리면, 일반 페널티(2페널티)를 받게 된다. 이 장면은 골프 관련 뉴스에 엄청난 반향을 일으켰고, 규칙위반에 대한 논란을 야기했고, 마지막 라운드가 아니었기 때문에 라운드가 끝난 후 비디오 판독 절차를 거쳐 일반 페널티를 받게 된다.

이 때 위원회가 결정을 내리는 중요한 요소가 바로 볼 뒤에 있는 모래를 건드려서 '이를 개선했느냐 아니냐' 판단이다. 패트릭 리드는 -16으로 3위를 했다.

이 때 1위인 헨릭 스텐손(Henrik Stenson)이 −14를 기록했으니, 2페널티가 아쉬움으로 남았을 것이다.

규칙 8.1 스트로크에 영향을 미치는 상태를 개선하는 플레이어의 행동(Player's Actions That Improve Conditions Affecting the Stroke)에 해당되기 때문에 일반 페널티를 받는 게 당연하다.

참고로, 페널티구역에서는 연습 스윙할 때 지면에 클럽이 닿을 수 있으며, 페어웨이나 러프에서도 똑같이 할 수 있다.

[그림 8-9] 2019년 Hero World Challenge 경기에서 패트릭 리드(Patrick Reed) 규칙 위반 모습

[출처: youtube.com 캡처]

12. 스코어 카드를 제출하기 전에 페널티를 받은 것을 모르고 잘못된 스코어를 제출하면 No 페널티

2017년 LPGA 메이저대회인 ANA인스퍼레이션(Inspiration) 3라운드 17번 홀 그린에서 미국의 렉시 톰슨(Rexi Tompson)이 [그림 8-10]처럼 마크하고 집어 올린 볼을 원래 있던 자리보다 아주 조금 떨어진 지점에 내려놨다.

아무도 이 사실을 몰랐는데, 당시 TV 중계를 시청하던 시청자가 확인을 요청했고, 경기위원회는 비디오 분석 끝에 잘못된 장소에서 플레이했다는 결론을 내려다. 톰슨은 4라운드 경기 도중에 잘못된 장소에서 플레이를 했기 때문에 2페널티와 잘못된 스코어카드 제출로 추가 2페널티를 받아 순식간에 4페널티를 받았다.

이 사건은 이후 많은 논란을 일으켰는데, 실제 경기장에서 본 것이 아니라, 집에서 TV 시청 중이던 시청자가 발견해서 제보한 것이 플레이어가 규정위반으로 페널티를 받아야만 하느냐는 문제였다.

이 문제는 유명 선수는 당연하게 많은 카메라가 따라다니게 됨으로 인해서 모든 선수에게 공평하게 규칙이 적용될 수 없기 때문에 문제가 될 수 있다는 것으로 프로 선수들은 규칙 위반을 소급적용해서 페널티를 부과하는 것은 부당하다는 것이었다. 이에, 골프 규칙을 만드는 R&A와 USGA는 즉각 규칙 개정에 들어가서, 시청자 제보를 바탕으로 선수의 규정 위반을 적발하지 않기로 했으며, 페널티가 주어진 사실을 모르고 스코어카드를 제출했을 때도 스코어카드 오기에 따른 페널티를 부과하지 않도록 했다.(규칙 3.3) 그래서 이 규칙이 렉시 톰슨의 이름을 따 '렉시 룰'이라고 불린다.

만약에 렉시 톰슨이 4페널티가 아니라 개정된 규칙에 따라서 2페널티만 받았다면, 연장까지 가지도 않았을 것이고, 유소연이 승리하지도 못했을 것이다.

[그림 8-10] 렉시 톰슨의 4 페널티를 받는 상황

[출처: youtube.com]

13. 마지막으로 프리퍼드 라이(Preferred Lies)

로컬 룰에 프리퍼드 라이라는 것이 있다. 보통 코스 상태가 안 좋거나, 비가 많이 와서 정상적인 플레이를 하기 힘들 때, 겨울철에 잔디가 잘 자라지 않기 때문에 디봇[57] 등이 너무 많을 때, '페널티 없이 볼을 더 좋은 상태로 옮겨서 칠 수 있도록 허용'하는 규칙이다. 보통은 로컬 룰에 의해서 라운드 전에 서로 합의하면 적용해서 칠 수 있으며, 공식 경기에서는 잘 허용되지 않지만, 경기위원회에서 프리퍼드 라이를 허용하는 경우도 있다.

프리퍼드 라이를 적용한 경기는 '볼을 집어 들어서, 닦고, 다시 놓는다. (Lift, Clean, and Place)' 이 때 규정의 적용을 받는데, 첫번째는 마크를 하지 않아도 되지만, 마크하는 것을 권장하고 있으며, 두번째, 페어웨이(Fairway)에서만 적용되며, 세번째는 그린에 가깝지 않은 6인치(15.2cm) 이내에 좋은 라이에 볼을 놓아야 하며, 네번째는 한번만 옮길 수 있다는 것이다.

여기서 재미있는 위반 사항이 벌어졌는데, 2016년 JLPGA에서 실제로 발생했던 일이다. LPGA에서 주로 활약하던 우에하라 아야코(Uehara Ayako)[58]가 Ito En Ladies Golf Tournament 1라운드에서 "lift, clean, and replace"를 해야 할 상황에 "lift, clean, and place"를 실수로 한 것이다. 즉, 프리퍼드 라이 룰에 따라 대회 로컬 룰에서 리플레이스 규정을 두었는데, 일반적으로 미국 LPGA에서 적용하는 한 클럽 내로 볼을 옮겨 놓고 플레이를 했고, 이를 모르고 스코어카드를 그대로 제출한 것이다. 우에하라는 15개 홀에서 19번 볼을 옮겨서 잘못된 장소에서 플레이를 했기 때문에 잘못된 장소에 대한 플레이 19번, 각각 2페널티 총 38페널티를 받았다. 또한 15개 홀에서 스코어카드를 잘못 적었기 때문에 15개홀에서 각각 2페널티 총 68페널티를 받게 되었고, 1라운드 성적 73타 플러스 68 페널티를 받게 되어서 결국 1라운드 141타를 기록하였다.

[그림 8-11] 기록 보유자 우에하라 아야코(Uehara Ayako)

[출처: Wikimedia]

미주

34-41

34) 미국에서는 하우스 캐디를 골프클럽에 속해 있다고 해서 클럽 캐디(Club Caddie)라고 한다.

35) 한 팀의 고객이 3명일 경우에 3백이라고 하며, 고객이 3명일 경우에도 캐디피는 동일하다.

36) 카트와 캐디의 연관관계에 대해서는 제12장에서 설명할 것이다.

37) 라운드(Round)란 위원회가 정한 순서대로 18개(또는 그 이하)의 홀을 플레이하는 것을 말하며, 국내에서는 대부분의 골프들이 골프를 치러 갈 때, '라운딩하러 간다'라는 말을 사용하는데, 라운딩은 영어가 아닌 콩글리쉬다.

38) Shotgun은 산탄 총을 뜻하는 것으로 단체행사에서 팀 수가 많을 경우에 경기를 진행하는 방식으로 각 홀마다 1팀이나 2팀이 있어서 대회를 알리는 소리와 동시에 게임을 진행하는 방식이다. 단체 행사 중에서 팀 수가 적을 경우에는 1번홀에서 18홀까지 순차적으로 진행하는 원웨이 방식이나 1번홀과 10번홀에서 동시에 시작하는 투웨이 방식이 사용된다.

39) 2019년 개정된 R&A 룰에는 해저드가 없어지고, 대신 패널티 지역(Penalty Area)이라는 단어를 사용하게 되었지만, 여전히 많은 골퍼들이 해저드라는 단어를 사용하기 때문에 캐디들도 이 단어를 사용하고 있다.

40) 골프장에서 사용하는 클럽(Club)이라는 단어에는 세가지 의미가 있다. 골프채를 말하는 골프클럽, 골프장을 말하는 골프클럽, 골프장에서 만들어진 모임인 골프클럽이다. 물론, 여기서 말하는 것은 골프채를 말하는 골프클럽이다.

41) 리플레이스(Replace)는 규칙에 의거해서 볼을 원래 자리에 놓는 것을 말한다. 리플레이스를 하는 경우는 우연히 볼이 움직인 경우, 그린에서 마크 후 볼을 집어 올린 경우, 그린에서 다른 플레이어의 볼에 맞아서 움직인 경우에 해당한다. 참고로, 플레이스(Place)에 대해서도 같이 알아두면 좋다.

42-46

42) 티오프(Tee off)와 티업(Tee up)을 혼동하는 경우가 많은데, 티오프는 '티(tee) 위에 올려 놓은 볼을 치고 나간다'라는 의미로 플레이가 시작되는 시간을 말한다. 반면, 티업은 '티 위에 볼을 올려놓는다'라는 뜻이다.

43) 포어(Fore)는 캐디 역사에 빠질 수 없는 단어다. 사실 골프장에서 옆 홀로 공이 넘어가면, 캐디와 고객들이 같이 '볼(Ball)~'하고 크게 소리쳐서 옆 홀에서 플레이하는 고객들이 타구 사고가 나지 않도록 하는 것이 골프 매너이다. 그러나, '볼'이라는 단어는 잘못된 말로, 포어 캐디에서 유래한 말인 '포어~'라고 하는 것이 올바른 표현이다. 포어 캐디의 유래에 대해서는 제2장에서 자세하게 설명하였다.

44) 골프선수 1인을 위해서 골프백을 매는 캐디를 골프 투어(Tour)를 같이 다닌다는 의미에서 투어 캐디(Tour Caddie)라고 하며, 동시에 프로 캐디(Professional Caddie)라고 한다.

45) 2007년에 창설된 페덱스컵은 미국 운송회사인 페덱스(Fedex)가 후원하는 플레이오프 대회로 PGA챔피언쉽(8월)이 끝난 후 마지막 흥행을 유지하기 위해서 만들어졌다. 대회 수는 3개로 포인트 상위 125명이 겨루는 노던트러스트(The Northern Trust)와 포인트 상위 70위까지 겨루는 BMW챔피언쉽, 포인트 상위 30위까지 겨루는 투어챔피언쉽(Tour Championship) 순으로 열린다. 경기마다 상금이 있으며 페덱스컵 챔피언은 무려 1천 5백만 달러의 보너스를 받고, 5년 PGA 투어 면제를 받는다. 정규시즌 순위에 따라 점수를 매겨 상위 125명만이 플레이오프에 출전할 수 있다. 대회마다 성적에 따라 선수를 탈락시키는 방식으로 최종전인 투어 챔피언쉽에는 상위 30위까지만 출전할 수 있다. 2021년 페덱스컵 포인트 랭킹 1위는 960점으로 미국의 더스틴 존슨(Dustin Johnson)이며, 한국 선수로는 429점으로 랭킹 20위인 임성재가 있다.

46) 필 미켈슨도 25년을 함께 했던 그의 영원한 캐디 짐 멕케이(Jim Mackay)와 2017년에 결별하고, 현재는 그의 동생인 톰 미켈슨이 캐디를 하고 있다. 짐 멕케이에 관해서는 제4장 가장 유명한 캐디 중에 한 사람으로 설명하였다.

47) 미국골프협회(USGA, United States Golf Association)는 1894년 창립된 비영리기관이다. 세계 메이저 대회인 US Open과 US Women's Open을 개최하고 있다.

48) 스트로크(Stroke)란 플레이어가 볼을 치기 위해서 그 볼을 보내고자 하는 방향으로 클럽을 움직이는 동작을 말한다. 플레이어가 연습스윙 도중에 우연하게 볼을 친 경우나 다운 스윙 중에 볼을 치지 않기로 결정하고 의도적으로 멈췄는데, 공이 맞은 경우에는 스트로크한 것이 아니며, 규칙에서 볼을 플레이한다는 의미는 스트로크를 한다는 의미. 플레이어의 홀이나 라운드 스코어는 플레이어가 한 모든 스트로크 수와 모든 벌타를 합한 타수로 기록된다.

49) 일반 페널티(General Penalty)란 매치 플레이(Match Play)에서의 홀 패, 스트로크 플레이(Stroke Play)에서 2벌타를 말한다.

50) 리플레이스(Replace)란 '볼을 경기를 하려는 의도를 가지고 그 볼을 내려놓아 플레이하는 것'을 말하며, 플레이어가 경기를 하려는 의도없이 볼을 내려놓은 경우, 그 볼은 리플레이스된 것이 아니므로 인플레이(Inplay) 볼이 아니다. 리플레이스와 플레이스(Place)의 개념은 완전히 다르기 때문에 사례와 함께 정확하게 알아야 할 필요가 있다.

51) 루스임페디먼트(Loose Impediment)는 어딘가에 고정되어 있지 않고, 자라지 않는 장애물을 말하며, 종류로는 돌멩이, 나뭇가지, 낙엽, 나무토막, 동물의 사체와 배설물, 벌레와 곤충, 거미줄, 뭉쳐진 흙덩이 등이다. 모래와 흩어져 있는 흙, 이슬과 서리, 물은 루스임페디먼트가 아니지만, 눈과 천연 얼음은 루스임페디먼트다.

52) 컨시드(Concede)란 그린 위의 볼을 원 퍼트(One Putt)로 홀 인(Hole in)시킬 수 있다고 인정한 경우, 이후의 퍼트를 면제해 주는 것을 말하며, 주로 홀 컵에서 1클럽 내에 볼이 있는 경우에 해당한다. 라운드 중에는 OK라는 말을 주로 사용하며, 영국이나 미국에서는 기브(Give), 김미(Gimme)라고 표현한다.

53) 드롭(Drop)이란 볼을 인플레이하려는 의도를 가지고 그 볼을 손에 들고 공중에서 떨어뜨리는 것을 말하며, 의도없이 떨어뜨린 공은 드롭된 공이 아니므로 인플레이볼이 아니다.

54) 패널티 구역(Penalty Area)이란 플레이어의 볼이 그곳에 떨어졌을 때, 1벌타를 받고 구제를 받을 수 있는 구역을 말한다.

55) 로슨 리틀(Lawson Little, 1910-1968)은 그 당시 메이저 대회였던 US아마추어챔피언쉽과 British아마추어챔피언쉽을 1934년과 1935년 2년 연속 우승하였다. 1935년 미국 아마추어 협회에서 최우수 아마추어 선수에게 주는 James E. Sullivan Award를 수상하였는데, 1930년 바비 존스(Bobby Jones)이 수상한 이후에 골프선수로서는 두번째 수상자이다. PGA투어에서 8승, 1940년 US 오픈을 우승하였고, 1980년 골프 명예의 전당에 올랐다.

56) 로리 맥길로이(Rory Mcilroy, 1989~)는 북아일랜드 출신으로 메이저대회에서 마스터즈를 제외한 4회 우승을 포함하여 총 27회 우승을 하였으며, WGC 3회 우승, 바든 트로피 3회 수상의 경력과 100주간 세계골프랭킹 1위를 기록하였다. 2020년 12월 현재 전세계공식랭킹 4위이다.

57) 디봇(디보트, Divot)이란 클럽으로 샷을 한 곳에 잔디가 파여져 있는 곳을 말한다.

58) 우에하라 아야코(Uehara Ayako, 1983~)는 12세에 골프를 시작해서 2004년 프로가 되었으며, JLPGA 3회 우승을 하였고, 2013년부터 LPGA에서도 활약하고 있다. 1경기에 두 번의 홀인원 기록과 한 라운드에 141점(앞서 언급)을 기록한 기록 보유자이기도 하다.

캐디가 되는 방법

SECTION 9	골프장에서 캐디가 정말 필요한 이유
SECTION 10	왜 캐디가 부족할까?
SECTION 11	캐디에도 종류가 있다
SECTION 12	어떻게 하면 캐디가 될까?
SECTION 13	캐디 교육의 새로운 트랜드

캐디는 수요와 공급이 무너진 직업이다.

시장은 보이지 않는 손이 존재해서 수요가 있으면 자연스럽게 공급이 늘어나는데, 왜 캐디는 보이지 않는 손이 존재하지 않는 것일까?

수요가 있는데, 공급이 항상 부족할까?

이 원인에 대해서 조금 더 깊숙이 들어갈 필요가 있으며, 그 원인을 알아야 이를 돌파할 방법을 찾을 수 있다.

1부에서 캐디의 역사를 알아보았던 이유는 캐디의 역사와 현재를 통해서 미래로 가는 열쇠를 찾고 싶어서다. 3부에서 캐디가 되는 방법에 대한 것은 현실에 대한 분석이다. 이 분석을 통해서 우리는 캐디의 현 주소를 정확하게 판단할 수 있을 것이다.

3부를 통해서 골프장에서 캐디가 필요한 이유, 캐디가 부족한 이유 그리고 미국 사례를 통해서 캐디의 종류를 자세하게 알아볼 것이다. 나아가 캐디가 되기 위한 방법에 대해서 자세하게 알아볼 것이다. 이제 우리는 캐디에 관해서 현실적으로 바라볼 필요가 있으며, 냉철하게 캐디의 존재에 대해서 평가할 필요가 있다.

❝ 시장은 보이지 않는 손이 존재해 수요가 있으면 자연스럽게 공급이 늘어나는데, 왜 캐디는 보이지 않는 손이 존재하지 않는 것일까? ❞

SECTION 9

골프장에서 캐디가 정말 **필요한** 이유

골프장에서 캐디가 필요한 이유는 첫째, 고객의 안전. 둘째, 인건비 절약. 셋째, 경기 진행으로 나누어 볼 수 있다.

1. 고객의 안전

골프장에 카트가 도입되면서, 미국에서는 점차 캐디가 사라진 반면, 한국에서는 산악형 골프장의 특징상 골프 코스의 옆에 있는 카트 전용도로가 초보자가 운전하기에는 무척 위험하기 때문에 카트를 잘 몰 수 있는 캐디가 더 필요해졌다.

카트 운전은 캐디가 해야 하는 가장 기본적인 것이다.

운전미숙이나 부주의로 인한 카트 사고의 유형은 카트 전복사고, 운행 중 고객 추락사고, 커브 길 추락사고, 카트 충돌 사고, 빗길이나 눈길 미끄러짐 등이다. 카트 사고가 발생했을 경우, 골프장이 가입한 '체육시설업자 배상책임보험'이나 담당 캐디가 가입한 '캐디상해보험'으로 보상받을 수 있으나, 보상범위에 대해서

[그림 9-1] 카트 도로에 있는 카트

는 사고에 대한 귀책사유가 어디에 있는지, 캐디가 안전 멘트를 통해 위험하다는 사실을 고객에게 알렸는지에 따라 책임의 범위와 보상범위가 바뀌게 된다.

지난 2020년 9월 4일 담양 골프장에서 카트가 옆으로 넘어지는 사고가 발생했다. 캐디없이 이용객끼리 셀프로 라운드를 진행하고 있었기 때문에 이에 대한 책임과 보상이 어떻게 될지에 관해서는 골프장과 이용객 상호 의견충돌이 발생할 수밖에 없으며, 골프장은 사고 책임에 대해서 일정부분 부담을 질 수밖에 없다.

또 다른 사례는 2020년 4월 21일 춘천지역에서 발생한 카트 사고다. 홀간 이동중 커브길에서 속도를 줄이지 않고 운전하다 뒷좌석에 타고 있던 고객이 팅

겨져 나갔고, 이로 인해서 튕겨져 나간 고객이 사지가 마비되는 중상해를 입었다. 이에 교통사고처리 특례법 위반(치상)협의로 재판에 넘겨진 캐디가 금고 8개월 선고를 받았다.

대부분의 카트는 안전띠가 없으며, 카트가 좌우로 개방되어 있다. 그렇기 때문에 커브길이나 내리막길에서 속도를 낮추지 않으면, 고객이 안전손잡이를 잡지 않았을 경우에는 밖으로 튕겨져 나갈 수 있다. 그래서 캐디는 항상 위험구간에서는 속도를 낮추고 안전 멘트 즉, "급경사 지역이 오니, 안전손잡이를 꼭 잡아 주시기 바랍니다."라고 반드시 이야기를 해서 고객에게 위험함을 상기시켜야 한다.

실제로 캐디 교육을 할 때, 안전에 대해서는 시청각 자료와 사례들을 활용해서 강조하고 있으며, 안전 멘트가 습관이 될 수 있도록 교육하고 있다. 보통, 고객들이 라운드 중에 음주를 하는 경우가 많기 때문에 사고를 방지하기 위해서는 반드시 숙련된 캐디가 카트를 운전해야 하며, 노 캐디 골프장일 경우에는 음주 자체가 금지되어야 한다.

라운드 중에 안전 사고는 카트에서만 발생하는 것이 아니다.

같은 팀이 친 볼이 생크[39]가 나서 맞거나, 뒤 팀에서 친 볼에 맞거나, 옆 홀에서 넘어온 볼에 맞는 타구 사고가 발생할 수 있으며, 사고가 심각한 부상으로 이어질 수 있다. 또한 티잉 구역(Teeing Area)에 여러 사람이 올라가서 드라이브 스윙 연습할 경우에 드라이버에 맞는 사고가 발생하기도 한다.
이러한 안전 사고를 미연에 방지하는 역할을 캐디가 담당한다.

[그림 9-2] 코스내 안전사고

2. 인건비 절약

캐디는 골프장에서 고객만을 상대하는 것이 아니다. 당번과 벌당이라는 이름으로 경기과에서 일을 하고, 배토라는 또 다른 이름으로 코스 관리과 일을 한다. 골프장에서 캐디가 어떤 존재인가를 간단하게 살펴보면, 다음과 같다.

캐디는 대부분 개인사업자 형태를 취하거나, 아니면 무직상태다. 무척 이상한 이야기로 들리겠지만, 캐디는 골프장에 취업을 하지만, 고용되지 않는다. 캐디는 택배기사, 보험설계사 등과 같이 '특수형태근로종사자'로 대법원의 판결에 따르면, 캐디를 보는 시각이 노동조합법상에는 근로자이지만, 근로기준법상에는 근로자로 인정받지 못하고 있다.

캐디가 되면 골프장으로부터 카트를 배정받고, 대부분 복지형태로 기숙사와 식사를 제공받지만, 근로자가 아니기 때문에 골프장에서 월급을 받는 것이 아니라, 고객으로부터 정해진 캐디피를 받아 생활한다.

골프장에서 캐디의 승진 형태는 캐디 ➡ 조장 ➡ 부마스터 ➡ 캐디마스터 ➡ 경기팀 ➡ 지배인 ➡ 총지배인으로 진급이 가능하며, 캐디와 조장은 개인 사업자이며, 부마스터부터는 골프장에 정식으로 고용된 근로자다.

경기과에서 캐디가 하는 일 또한 변화해왔다.

1989년도에 캐디의 근무여건에 관해서 알기 위해서 2013년 프레시안의 기사를 인용하였다.[60] 기사 내용은 다음과 같다.

> '캐디들의 주된 업무는 내장객의 골프 가방과 모래주머니를 메고 라운드를 돌면서 골프채를 꺼내 주고 숲 속에 들어간 공을 찾아주며 흙으로 더러워진 공을 닦아주는 등 내장객에게 서비스를 제공하고, 잔디가 팬 곳을 모래로 메우는 것 등이다. 잔디 파손 부분의 손질은 골프 규칙상으로는 경기인인 내장객의 의무로 되어 있지만 보통 캐디가 담당한다. 경기 진행이 늦을 경우 캐디들이 회사로부터 제재를 받게 되어 경기 진행 속도도 조절해야 하고, 근무 도중에는 회사의 지시 사항과 수칙을 준수해야만 한다. 회사는 일반 직원에게 적용하는 취업규칙을 캐디에게 적용하지는 않았지만, 캐디가 규칙을 어기거나 결근을 하게 되면 해고나 근무 정지 또는 배치 거부 등의 제재 조치를 취했다.'

2020년 현재 캐디가 하는 일은 30년 전과 비교해 보았을 때, 캐디 본연의 역할은 많은 부분이 변하였으나, 캐디 외적인 일에는 변화가 거의 없다. 경기과와 코스관리과의 업무 일부분에 해당하는 당번과 벌당 그리고 배토를 여전히 하고 있다. 다만, 차이가 조금 있는 것은 30년 전 캐디는 이 부분에 대해서 반발하고 노동조합설립을 시도했으나, 2020년의 캐디는 캐디가 당번과 벌당, 배토하는 것을 당연하게 생각하고 익숙해져 있다는 것이다. 당번은 근무기간이 22일 정도가 될 때 하는 것으로, 당번이 하는 일은 고객 팀 배치를 도와주거나 경기과 및 카트고 정리 정돈 및 청소를 한다.

캐디는 골프장에서 정한 규칙들을 따라야 한다.

이를 어길 경우 벌당과 당번을 하게 된다. 예를 들어서 지각을 하면 경고를 받고, 배치표를 거부할 경우 면담을 통해서 벌당이나 퇴사조치까지 받게 된다.

물론, 당번을 하거나 벌당을 받아서 근무해도 무보수다. 배토의 횟수는 골프장마다 다르고, 잔디 상태에 따라 달라지지만, 한 달에 약 12회 정도다. 배토 시간은 고객 라운드 시간 이외 근무 시작 전이나 근무가 끝난 후에 하며, 자신이 담당하는 1개 홀에 디보트(Divot)가 있는 곳에 모래를 채워주는 것이다.

물론 근무 시간 이외에 배토를 해도 무보수다.

위에서 보듯이 골프장에서 근로자로 취업한 사람들이 해야 할 업무를 골프장 직원이 아닌 캐디들이 무보수로 직원의 업무를 대신하고 있다. 설상가상(雪上加霜)으로 골프장으로부터 업무지시를 받아야 하며, 이를 받아들이지 않았을 경우에는 퇴사해야 한다.

　　27홀 골프장의 경우 보통 경기과 직원은 4명 정도다. 그 중 한 명은 카트 담당이다. 부족한 인원에 대해서는 마샬 직원을 고용하거나, 캐디 당번제를 만들어서 경기과 업무의 일부분, 주로 배치보는 일에 투입하거나 경기과 업무 보조를 한다. 경기과는 라운드 진행이나 경기 흐름을 관리하고 골퍼들의 편의를 봐주는 곳이다.

　　즉, 예약실에서 넘어온 고객들의 정보를 받아 경기시간에 맞춰 캐디를 배치하고, 배치표를 캐디들에게 전달하며, 배치표에 의해서 카트에 올바르게 백을 싣고 광장에 잘 대기하고 있는지를 파악한다. 또한 캐디들에게 출발이나 대기 지시를 하며, 코스의 진행 상황을 실시간으로 체크해서 카트를 티-오프 시간에 맞게 코스로 올려 보내며, 코스 진행 속도가 적절한지를 판단해서 경기시간이 늦은 곳은 직접 찾아가서 진행을 도와주고, 고객이 라운드 중에 클럽 분실이나 불편한 사항을 접수 받아 해결해 준다. 이 때 라운드 중간 중간에 카트의 배터리가 방전되면, 새로운 카트로 교환도 해 주며, 멈춘 카트를 견인해 오기도 한다. 카트의 배터리 방전은 주로 겨울철에 발생한다. 이렇게 팔방미인인 캐디는 골프장 입장에서 본다면, 인건비를 절약할 수 있는 최고의 솔루션이라고 할 수 있다.

[그림 9-4] 경기과 앞에서 대기하고 있는 캐디들

[장소: 용인 해슬리아C.C]

3. 경기 진행

앞에서 설명한 바와 같이 경기과는 라운드 진행과 경기 흐름을 관리하는 곳이다. 경기 흐름에 대해서 경기과에서 관리하지만, 경기 흐름을 좌지우지하는 것은 바로 캐디의 역량에 따른다.

위에서 30년 전 캐디 상황에 관한 기사에서 보듯이 캐디가 경기 진행이 늦을 경우에는 회사로부터 제재를 받는다.

골프 코스에 진행 카트만 다가가도 고객들이 자신의 팀이 진행속도가 늦는 줄 알고, 경기를 빠르게 진행하는 모습을 볼 수 있다. 그만큼 고객들도 경기 진행에 대해서 신경을 쓰고 있다는 반증이기도 하다. [그림 9-5]는 스마트 스코어 앱을 이용해서 경기 진행을 확인하는 것인데, 아래 그림만 보아도 한 눈에 경기 진행 상황을 체크할 수 있다. 전반 라운드가 끝나가는 시점으로 청코스가 가장 원활한 경기 흐름을 보여주고 있고, 미코스 6번 파5홀이 경기 진행이 늦은 편이며, 력코스 마지막 홀은 한 홀이 비워진 상태이다.

보통 겨울 단부제의 경우에는 전반 라운드를 마치면 대기시간이 길기 때문에 진행에 대하여 신경을 많이 쓰는 편이 아니며, 후반 라운드에 진행이 아래 그림처럼 보여지면, 경기과에서 마샬이나 직원들이 진행이 늦은 코스로 가서 경기 진행을 도와주게 된다.

이외에 골프장에 캐디가 없다면, 고객들이 버린 쓰레기로 인한 환경오염 문제가 대두될 수 있으며, 캐디가 라운드 중에 훼손된 잔디를 보수하던 일 또한 그 일을 위한 별도의 코스관리 인원이 투입되어야 한다.

한국의 많은 골프장이 최근의 '특수고용노동자의 고용보험의무화'로 인해서 노 캐디 제도를 시행하려고 하지만, 결국 고객의 안전과 경기 진행이라는 측면으로 볼 때 노 캐디 제도가 한국에 정착되기 위해서는 선결과제로 A.I 기술이 탑재된 카트와 자동 관제 시스템이 도입되어야 제대로 된 노 캐디 제도가 정착할 수 있을 것이다. 한 가지 더 추가하자면, 골프장 내장 객수가 급격하게 줄어야만 한다.

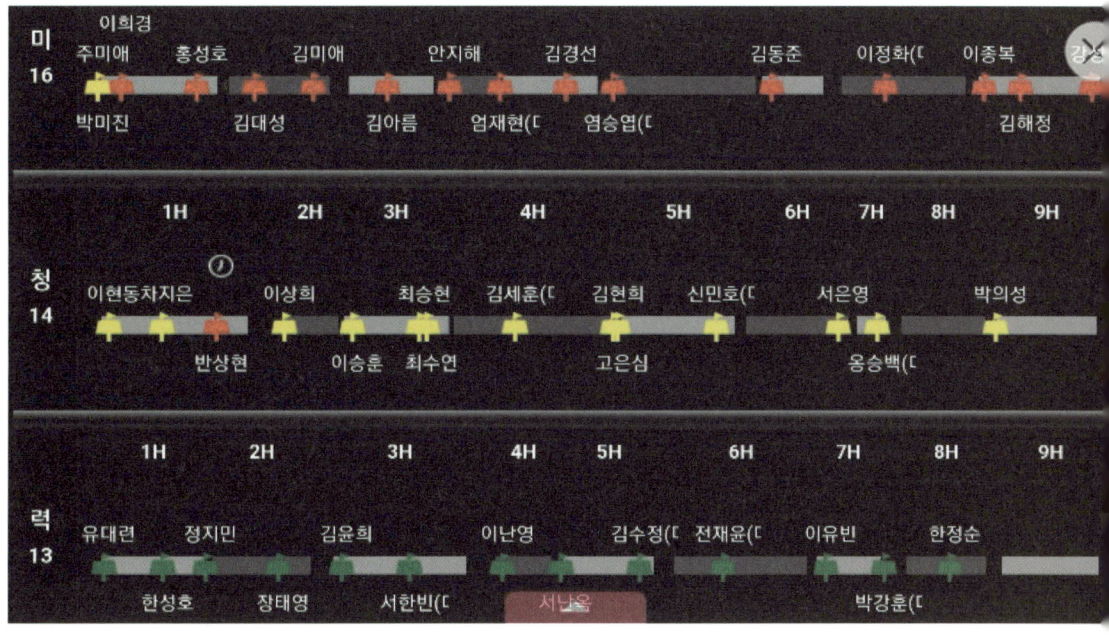

[그림 9-5] 경기 진행 상황 확인하기

SECTION 10 왜 캐디가 부족할까?

최근, 포털사이트에서 '캐디 파업'을 검색하면, 캐디 파업이 빈번하게 벌어지고 있다는 것을 쉽게 알 수 있다.

왜 파업을 할까?

이유는 다양하겠지만, 근본적인 이유는 캐디가 없기 때문이다. 캐디가 없기 때문에 마음대로 쉴 수도 없고, 아파도 근무를 해야 하며, 브레이크 타임에 밥을 먹을 시간도, 심지어 위생용품 갈 시간도 없다는 것이 현장에 근무하는 캐디들의 목소리다.

캐디가 파업을 하면, 골프장은 엄청난 타격을 입게 된다.

캐디가 없기 때문에 팀을 받을 수 없고, 할 수 없이 '노 캐디'로 전환해서 팀을 받게 되면, 제9장에서 언급했던 안전과 경기 진행 문제가 발생하게 된다. 캐디가 없으면, 4시간 이내에 끝나야 할 경기가 5시간, 6시간으로 길어지면서, 명절에 고속도로가 막히듯이 고객들이 코스에서 계속해서 기다려야 하는 현상이 발생한다. 이로 인해 고객 불평이 증가하여, 당연하게 서비스의 질이 떨어지게 되고, 이는 또 다시 고객 감소를 불러오는 악순환의 고리를 만들게 된다.

캐디 파업의 본질은 '캐디가 아주 많이 부족하다'는 것에서 출발한다.

정확한 통계는 아니지만, 국내 500여개 골프장에서 필요한 캐디가 약 4만 명이라면 현재 캐디는 3만 명도 안 된다. 이렇게 캐디가 없기 때문에 돌려 막기 형태로, 한 골프장에서 파업을 해도 그냥 다른 골프장으로 이직하면 끝이다. 캐디들은 소속감이 없기 때문에 문제가 발생했을 때, 일반적인 노동조합처럼 골프장에서 머리띠 두르고 근무 환경을 바꾸려고 노력하는 것보다 좀 더 대우가 좋은 골프장으로 옮기면 된다.

골프장의 대처도 간단하다.

캐디가 파업을 하면, 캐디피를 올려 주거나, 운전만 하는 드라이빙 캐디(Driving Caddie) 제도를 채택하거나, '노 캐디' 제도를 선택해서 문제를 해결해 버린다. 물론, 이런다고 문제가 해결된 것은 아니다. 이는 임시 미봉책에 불과하다. 문제는 외면한 채 현실의 어려움만 피하고 보는 방법이다. 이 문제를 본질적으로 해결하려면, 캐디가 왜 부족하게 되었는지에 대한 정확한 이해가 필요하며, 캐디가 부족한 이유를 정확히 알아야 비로소 해결책을 만들 수 있다. 캐디가 부족해진 근본적인 이유는 크게 골프장 경영 환경의 변화, 골프장 내부에서 캐디에 대한 인식 문제, 캐디 양성의 어려움 등으로 나누어 볼 수 있다.

1. 골프장 경영 환경의 변화

IMF를 기점으로 골프장 경영 환경이 급격하게 변화하였다.

대기업들이 소유했던 골프장이 점차 펀드회사, 건설업체, 골프장전문업체, 위탁운영업체 등으로 소유주와 운영형태가 바뀌게 되면서, 골프장의 경영목표가 고객(회원) 만족 극대화에서 수익 극대화로 바뀌게 되었다. 2013년을 기점으로 대중제(퍼블릭, Public) 골프장이 회원제 골프장보다 더 많아졌으며, 회원제 골프장도 대중제 골프장으로 전환하고 있는 추세다. 2014년 해운대비치C.C를 마지막으로 신규회원제 골프장의 명맥은 끊겼다.

수익극대화를 위해서 골프장이 선택할 수 있는 가장 좋은 방법은 바로 운영시간을 늘리는 것이다. 보통 골프장은 1부와 2부만 운영했는데, 전 홀에 라이트를 설치하고 야간 라운드를 운영하기 시작했다. 이렇게 운영하게 되면 27홀 골프장의 경우 약 120팀에서 추가적으로 60팀을 더 받을 수 있기 때문에 수익 극대화를 쉽게 실현시킬 수 있다.

[그림 10-1] 3부 운영 중인 골프장

[장소: 대영힐스CC]

골프장 입장에서 보면, 수익이 급격하게 증가해서 좋지만, 캐디 입장에서 본다면 반대로 근무환경이 점차 열악해지는 현상이 발생하게 된다. 그래서 캐디들은 3부가 있는 골프장을 싫어한다. 3부를 하게 되면서 발생하는 가장 큰 문제는 라운드를 함께 할 캐디가 없다는 것이다.

이것은 기반 시설 없이 아파트만 짓는 것과 같다. 새 아파트로 이사를 갔는데, 진입도로가 없다면, 어떤 생각이 들까? 회사 일을 마치고, 야간 라운드를 나왔는데, 캐디없이 셀프 플레이를 해야 해서, 7시에 시작해 새벽 2시에 끝났다고 생각해 보면, 그 골프장에는 다시 오고 싶지 않을 것이다.

 캐디 입장에서 본다면 반대로 근무환경이 점차 열악해지는 현상이 발생하게 된다. 이와 같이 3부를 하게 되면서 발생하는 가장 큰 문제는 라운드를 함께 할 캐디가 없다는 것이다.

2. 골프장 내부에서 캐디에 대한 인식 문제

수익을 많이 내고 싶은 골프장이 팀 수를 늘려서 매출을 증가시키고, 다른 한편으로는 비용을 절감하기 위해서 식음료 부서를 외주화 하고, 직원 수를 줄인다. 부족한 캐디를 채우기 위해서 캐디피를 올려주고, 1인 1실 기숙사 제공, 근무 후 무료 라운드, 우수 캐디 해외여행 등과 같이 복지를 미끼로 다른 골프장에서 근무하는 경력 캐디를 유인한다.

이게 바로 돌려 막기 식이다.

신입을 가르치는 것보다 경력을 우선적으로 뽑아서 상황을 모면하려는 것이다. 경력 캐디의 문제는 또 다른 곳에 있다. 다른 골프장에서 근무했다는 사실만 입증되면, 골프 코스만 알려주고 바로 근무에 투입된다. 캐디 선발에 대한 일정한 규칙이 없기 때문에, 하우스 캐디들의 수준도 천차만별이다. 특히, 겨울철 아르바이트로 근무하는 캐디들의 수준은 상상 그 이하다. 마치 집고양이들처럼 밥만 챙겨주고 알아서 하도록 방치하며, 그들에게는 무척이나 관대하다. 심지어 홀 멘트를 못하는 아르바이트 캐디도 본 적이 있다.

캐디 부족 현상은 하루 이틀만의 문제가 아니다.

장기적으로 캐디 부족 문제를 해결하기 위해서 매년 골프장은 겨울철 위주로 1월과 2월에 신입 캐디를 모집한다. 요즘은 사계절 모두 신입 캐디를 모집하는 골프장도 있다. 캐디가 없어도 너무 없기 때문이다.

모집된 신입 캐디들에게 이론 교육을 시키고, 이론 시험을 봐서 통과한 신입

들을 선배 캐디가 근무할 때 동반 라운드라는 이름으로 따라나가서 캐디 업무를 배우게 한다. 이 방법이 전통이라는 이름으로 여전히 일반화된 캐디 교육이다. 동반 라운드를 데리고 나간 선배 캐디는 자신이 받게 될 오버피의 일부를 신입에게 양보를 하면서 신입들을 가르쳐야 한다. 물론, 이에 따른 보수는 없다.

제5장 '캐디는 무슨 일을 할까?'에서 설명한 바와 같이 2000년도 이후 국내에 카트가 본격적으로 도입되고, 프로 캐디의 활약을 TV 중계를 통해 보면서 국내에서 하우스 캐디가 해야 할 일들이 엄청나게 많아졌다. 그 변화의 과정에 있었던 캐디들은 현장에서 어깨 너머로 캐디 업무를 배웠고, 이게 가장 좋은 전통으로 남아서 캐디 업무는 말로만 내려져오는 구전 업무처럼 되어버렸다.

골프장에서 신입 캐디 교육이 주로 동반 라운드 형식으로 내려오게 되는 가장 큰 이유는 교육을 담당할 교육자가 없기 때문이다. 이렇게 신입 교육을 하니, 교육에 참여한 교육생 중에 80프로 이상이 중간에 짐을 싸서 집으로 가게 된다. 캐디에 대한 부정적인 말을 잔뜩하면서. 일반적으로 교육 체계도 없고, 동기부여가 되지 않는 교육이라면 언제든지 그만 두고 떠나기 마련이다.

그래서, 지금도 '캐디가 되려면 눈치만 있으면 된다.'라고 이야기한다.

골프장은 막대한 비용을 지출하면서도, 보여주기 식의 교육밖에 하지 못하고 있고, 무엇이 문제인지조차 생각하지 않는다. 또한 몇 명이 들어와서 어떻게 교육을 받고 몇 명이 살아 남았는지조차 관심이 없다. 과거의 방식에만 물들어 있을 뿐이다.

어떻게라도 신입 캐디를 자체적으로 뽑아서 제대로 교육을 시켰다면, 이렇게 심각한 캐디 부족 상황까지 오지 않았을 것이다.

[그림 10-2] 경력 캐디 모집 공고

[출처: 증평블랙스톤CC]

3. 캐디 양성의 어려움

한사람의 캐디를 만들기 위해서는 약 300만원 이상의 돈이 들어간다.

구체적으로 투입되는 항목은 기숙사 비용, 식사 비용, 피복 비용, 보험료, 교육비 등으로 구성된다. 서점에 가서 캐디에 관한 책을 찾아보면, 캐디 서비스 마인드에 관한 책들이 주류를 이루며 실제로 신입 캐디가 무엇을 해야 하는지에 관한 구체적인 내용이 없다. 심지어 어떤 책은 구체적인 캐디 업무에 대한 가이드조차 없이 오버피를 받는 방법만 자세하게 기술하고 있다.

캐디가 되기 위해서는 골프와 캐디에 관한 이론적인 교육이 필요하며, 여기에 실무적인 체험이 반드시 필요하다. 그리고 무엇보다 중요한 것은, 알고 있는 것을 자신만의 것으로 만들어야 하는 체화(體化)과정이다. 캐디 교육에 있어서 가장 먼저 선행되어야 하는 것이 캐디가 되기 위해서 무엇을 해야 하는지에 관한 이론적 배경(Background)을 만드는 것이다.

물론, 한국적 캐디가 만들어지기 시작한 지가 불과 20년밖에 되지 않기 때문에 아직은 과도기라고 할 수도 있다. 그러나, 캐디는 5백년 전부터 있어왔고, 시대에 따라 하는 일은 많이 바뀌었지만, 지금과 같이 명확하게 정리되고, 전문화된 시기는 없었다. 조금만 노력하면, 모두가 공감할 수 있는 캐디에 관한 명확한 캐디 업무가 있다.

[그림 10-3]
신입 캐디 교육을 위해서 발간된 전문 서적

[초보 골프 캐디를 위한 길라잡이, 2020, 차예준외 2인 공저, 스프링캠프]

실무에서 캐디 교육을 하면서 느끼는 소회는 캐디 1명을 만들기가 쉽지 않다는 것이다. 캐디는 기본적으로 스킬이 있어야 하고, 그 외에 서비스 마인드, 인성 등을 갖추어야 하기 때문에 2개월이라는 짧은 기간 동안에 이러한 지식들을 체계적으로 배우는 것 자체가 쉽지 않으며, 자신의 노력이 뒷받침되지 않는다면 교육 이수 자체도 불가능하다.

위에서 언급한 것 이외에도, 캐디가 부족한 이유로는 캐디에 대한 사회적 인식이 너무 낮다는 것이다. 캐디가 되려고 입소한 경우에도 부모가 결사반대를 해서 교육 중에 다시 집으로 가는 경우도 봤을 정도로 캐디는 사회적 인식이 나쁘게 형성되어 있다. 또한 공생관계에 있는 골퍼들조차도 캐디를 서비스, 유희의 대상으로 인식하고 있는 경우도 보았다. 골퍼들이 캐디와 상호 보완 관계라는 것을 인지하지 못하고 있기 때문에 이에 대한 인식 전환 노력도 필요하다. 전문가로서 캐디가 자리매김 하기 위해서는 사회적으로 캐디에 대한 고용 불안 및 불평등한 관계가 법적으로 해결되어야 한다.

전문가인 캐디가 아프다는 이유 그리고, 바른 말을 한다는 이유만으로 언제든지 퇴사 시킬 수 있다면 그 환경 속에서는 캐디가 전문가가 될 수 없으며, 발전된 미래를 만들 수도 없을 것이다.

이상에서 설명한 바와 같이 캐디가 부족한 이유는 한 가지만의 이유가 아니라 지금까지 관행처럼 내려져 온 여러가지 문제들이 복합적으로 작용을 해서 지금의 문제를 만든 것이다. 이에 골프장이 캐디를 없애거나, 편법적인 방법으로 운전만 하는 캐디를 양산한다는 것은 문제의 본질을 해결하지 못하고, 단기적 처방에 급급한 것이라고 할 수 있다.

캐디 수요와 공급을 균형 있게 만들기 위해서는 캐디를 전문가로 양성하고 대우 받을 수 있는 사회적 환경, 법적 환경을 만들어야 하며, 또한 캐디들을 올바르게 양성될 수 있도록 체계적인 이론적 바탕과 실무적 바탕을 조화롭게 만들어야 한다.

[그림 10-4] 신입 캐디 이론 교육

SECTION 11

캐디에도 종류가 있다.

캐디라고 다 똑같은 캐디가 아니다. 캐디에도 종류가 있다.

이를 보다 자세하게 설명하기 위해서 미국의 캐디 제도에 대해서 설명한 후 국내 캐디 현황과 향후 캐디 등급제가 필요한 이유에 관해서 이야기하려고 한다. 미국에서 전통적인 캐디라고 하면, 캐디는 고객의 골프백을 운반하고, 고객보다 볼이 위치한 곳까지 먼저 가서, 핀(Pin)까지 거리와 해저드(Hazard)까지의 거리를 계산해야 한다. 물론, 이 와중에 볼도 찾아야 하며, 고객에게 필요한 서비스를 제공해야 한다.

전통적인 캐디와 비교하여 설명해야 하는 것이 바로 포어 캐디(Fore-caddie)다. 포어 캐디는 2019년 R&A 룰에서 사라진 용어인데, 역사적으로 가장 오래된 캐디이며 제1장에 자세하게 설명하였다. 포어 캐디는 고객이 카트를 타고 이동하는 동안 걸어서 이동한다. 홀 설명을 하고 고객이 티샷하기 전에 고객의 볼이 떨어질 것으로 예상되는 지점으로 미리 이동해서, 고객이 친 볼이 떨어진 지점을 확인한 후, 고객이 카트를 타고 볼 위치까지 오면, 그린의 깃대까지의 거리나 해저드까지의 거리를 불러준다. 고객이 다음 샷을 하기 전에 다시 고객의 볼이 떨어질 지점으로 이동하며, 이 과정은 고객이 그린에 올라갈 때까지 계속해서 반복된다. 그린에 올라간 후부터는 전통적인 캐디와 같이 그린 서브를 하게 된다.

미국 골프장에서는 세 가지 정도의 캐디 등급제가 있다.

실습생(Trainee)부터 시작해서, 중급(Intermediate), 캡틴(Captain), 아너(Honor) 최종적으로 챔피언쉽(Championship)이 된다. 중급과 캡틴 등급은 캐디 1년차내에 받을 수 있으며, 아너 등급은 일반적으로 2~3년 걸린다. 챔피언쉽 등급은 최소 6년이 걸리며, 10년 이상 걸리기도 한다. 이러한 등급과 달리 미국 중서부에만 있는 아주 흥미로운 또 다른 캐디 등급제가 있다.

B Level, A Level, AA Level, 아너 레벨(Honor Lwvel) 마지막으로 에반스 스칼라(Evans Scholar) 등급이다. 1년에 한번 승급을 하게 되며, 아너 레벨까지는 빠르면 2년 정도 소요되지만, 에반스 스칼라는 에반스 장학금을 받은 캐디만 해당된다.

여기서 잠깐 에반스 스칼라 재단(Evans Scholars Foundation)에 대해서 언급하고 넘어가자. 에반스 재단 설립자인 챨스 클릭 에반스(Charles "Click" Evans)는 1916년에 웨스턴 아마추어(Western Amateur), 웨스턴 오픈(Western Open), 유에스 아마추어(U.S. Amateur), 유에스 오픈(U.S. Open)을 모두 우승한 최초의 아마추어 골퍼이며, 이로 인해 많은 돈을 벌게 되었다. 그러나, 그는 아마추어 신분을 유지하기 위해서 수익을 캐디 육성을 위해 웨스턴 골프 협회(Western Golf Association)에 위탁하였고, 1930년 최초로 2명의 노스웨스턴 대학(Northwestern University; 에반스가 다녔던 대학교) 학생에게 캐디 장학금이 지급되었다. 에반스 장학금은 지금까지 총 11,300명 이상에게 지급되었다.

[그림 11-1] 에반스 장학 재단 홈페이지

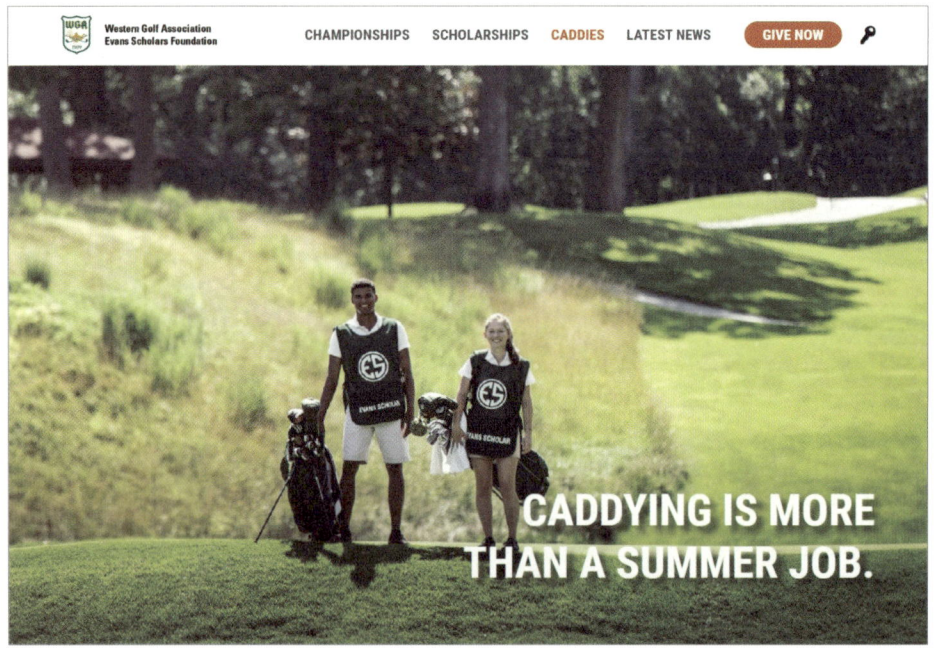

[출처: wgaesf.org 캡처]

에반스 장학금을 받기 위해서는 네 가지가 충족되어야 한다.

최소 2년간 캐디를 했어야 하며, 고등학교 성적이 뛰어났어야 하고, 장학금이 필요한 이유를 설명해야 하며, 골프클럽과 지원자가 다녔던 고등학교의 공식 추천

서를 받아야 한다. 위의 네 가지 조건이 충족되면, 웨스턴골프협회(WGA)와 제휴 골프클럽이 주최한 개인 면접을 봐야 한다. 이를 통과해야만 에반스 장학금을 받을 수 있고, 장학금을 받아야만 캐디로서 에반스 스칼라 등급을 획득할 수 있다.

위 두 가지 등급제를 채택하지 않는 많은 미국 골프장에서는 단순하게 "B"급 캐디와 "A"급 캐디로 나눈다. B급은 비교적 어리며, 고객 한 사람만 상대할 수 있는 경험이 다소 부족한 캐디이고, A급은 동시에 2명의 고객에게 캐디 업무를 할 수 있는 경험 많은 캐디를 일컫는다. 미국에서 전문직으로서 캐디에 대한 장학금과 후원 제도는 그 역사가 거의 100년 전으로 거슬러 올라갈 정도로 오래되었고, 투어 캐디가 아닌, 하우스 캐디의 경우에도 등급제를 두어서 고객이 선택할 수 있도록 하고 있다.

이에 반해서 한국의 캐디 제도는 앞 글에서 설명한 바와 같이, 그 역할에 대한 정의와 등급이 존재하지 않는다. 그러나, 최근 필요에 의해서 다양한 종류의 캐디가 만들어지고 있다. 캐디는 생각보다 쉽게 만들어지지 않는다. 캐디 교육 중 퇴소율도 엄청나게 많으며, 한 명의 캐디를 만들기 위해서는 많은 노력과 시간이 필연적으로 따라와야 한다.

캐디가 부족한 환경에서 빠른 시간 안에 라운드에 투입될 캐디를 만들기 위해서 다양한 방법들이 시도되었고, 이것이 자연발생적으로 과도기적 캐디 등급제가 만들어진 계기가 되었다. 캐디 등급제는 당연하게 캐디피와 연계해서 발전하게 된다.

현재, 과도기적 캐디 등급제는 하우스 캐디가 하고 있는 일을 세분화해서 특화된 일만 하도록 유도하고 있다. 그 종류에는 드라이빙 캐디, 마샬 캐디, 인턴 캐디, 하우스 캐디가 있다.

골프장에서 가장 빠르게 양산할 수 있는 캐디는 드라이빙 캐디(Driving Caddie)다. 드라이빙 캐디는 골프에 대한 지식도 필요 없고, 단순히 고객의 안전을 위해서 카트 운전만을 담당하는 캐디로, 골프에 대한 이론 및 실기 교육 없이 카트만 안전하게 운전하면 되기 때문에 교육기간은 카트를 능숙하게 운전할 수 있는 약 2일 정도면 충분하다.

드라이빙 캐디는 ㈜SK브릿지에서 처음 시도한 제도로써, 2015년 샤인데일CC에 처음 적용해서 캐디피 6만원으로 3부만 전담했다. 운전만 하는 캐디는 골프장 입장에서 보면, 굉장히 매력적인 구조이지만, 드라이빙 캐디 입장에서는 절대 캐디가 되지도 못하면서, 수익도 충분하지 못한 상태라고 할 수 있다.

한국골프소비자원에서 2015년에 기획하여 2016년 남여주GC에서 처음 도입된 마샬 캐디는 골프장에서 말하는 마샬[61]과 차이가 있다.[62] 마샬 캐디는 카트 운전만 해주는 캐디로 50대 이상의 퇴직자와 경력단절여성의 일자리 창출 목적으로 생겨났지만, 최근에는 거리까지 불러주면서, 새로운 캐디의 대안으로 등장하고 있다.

마샬 캐디가 되려는 사람은 일단 전제조건이 골프를 칠 수 있어야 하기 때문에 이론 교육과 실습에 많은 시간이 걸리지 않으며, 통상 10일 이내에 교육을 받고, 캐디가 부족한 곳에 투입된다. 캐디피는 6만원~7만원 정도로 저렴하다. 참

 과도기적 캐디 등급제는 하우스 캐디가 하고 있는 일을 세분화해서 특화된 일만 하도록 유도하고 있다. 그 종류에는 드라이빙 캐디, 마샬 캐디, 인턴 캐디, 하우스 캐디가 있다.

고로, 마샬 캐디에게는 무료 라운드 등의 혜택을 주기도 한다. 캐디가 되고 싶은 사람은 많지만, 누구나 캐디가 될 수는 없다. 그만큼 캐디가 되기 어렵고, 캐디가 되기 위해서는 생각보다 많은 공부와 노력이 필요하기 때문이다.

골프장은 만성적으로 캐디가 부족하며, 캐디 지망생은 캐디가 될 기회가 적다는 틈새시장을 파고들어서 교육과 실습이 동시에 진행될 수 있도록 만든 것이 바로 인턴 캐디(Intern Caddie) 제도다. 이에 대해서는 제13장에서 보다 자세하게 기술하고자 한다. 인턴 캐디 제도는 ㈜골프앤이 2018년 기획하여 2019년 충주 대영베이스&힐스CC에 도입 적용하였다.

인턴 캐디 제도를 도입하기 위해서는 먼저, 캐디가 무슨 일을 하는지에 대한 정의가 필요한데, 제5장에 설명한 바와 같이 캐디가 해야 할 일곱 가지 역할을 만들었고, 이를 기반으로 기초 이론 교육(골프이론, 카트교육, 멘트교육, 코스교육, 클럽 서브, 그린 서브, ICT교육)과 교육라운드, 동반 라운드를 통한 체험 교육을 받고 테스트를 통과한 교육생에게 고객과 함께하는 실습교육을 받게 되며, 중간중간에 부족한 부분에 대한 교육을 추가하게 된다.

실습라운드를 하면서 각 단계를 세분화해서 해야 할 일과 목표를 설정하여 이 목표에 맞춰서 자신의 캐디로서의 스킬을 만들어 가는 과정이 제일 중요하다. 각 단계에 주어지는 목표가 현실적이어야 하며, 교육생 수준에 맞도록 설계되어야 하는 어려운 점이 있지만, 이 단계를 따라가다 보면 어느새 수료와 함께 캐디가 되기 위한 스킬이 한층 업그레이드된 자신을 확인할 수 있다.[63]

인턴 캐디 제도의 가장 큰 장점은 단계적으로 캐디 스킬(Skill)을 업(Up)하는 것과 교육을 수료하고 교육생에게 맞는 캐디 교육위탁골프장에 취업을 연계시켜 주는 것이다. 참고로 캐디피는 8만원이며, 교육기간은 평균 두 달이다.

국내 골프장에서 캐디는 아니지만, 캐디 역할의 일부분인 경기 진행에 도움을 주는 것을 포어 캐디라고 약칭한다. 주로 파4나 파5의 세컨 지점에 있으면서 고객들의 공이 어디에 떨어졌는지 알려주고, 거리를 불러주는 역할을 한다. 경기 진행이 느릴 경우에 포어 캐디가 골프 코스로 나가며, 노 캐디 제도를 채택하

[표 11-1] 캐디의 종류에 따라 하는 일

	프로 캐디	하우스 캐디	인턴 캐디	포어 캐디	마샬 캐디	드라이빙 캐디
카트 운전		O	O		O	O
맨트 하기		O	O			
정보 전달 및 조언 하기	O	O	O			
클럽 서브	O	O	△			
그린 서브	O	O	△			
경기 진행	O	O	△	O		
ICT	△	O	O			
기 타	심리적인 코칭 등		캐디 교육생	2019년 R&A 룰에서 삭제	골프를 마음 대로 칠 수 있음	운전만 하는 캐디

[출처: www.golf-n.co.kr]

[그림 11-2] 야간 경기를 위해 라이트를 대낮처럼 밝게 비춘 가운데 골프를 즐기고 있는 고객들의 모습 　　　　　　　　　　[장소: 대영힐스CC]

는 골프장에서는 필연적으로 포어 캐디가 필요하다.

　이제는 한국 골프 산업에도 캐디 역할에 대한 명확한 규정과 캐디 등급제가 필요하다. 지금까지 골퍼들은 자의가 아닌 골프장에서 지정한 캐디와 함께 라운드를 나가야 했고, 캐디에 대한 불만이 있을 때는 소극적인 방법인 캐디 교체로 응답하였다. 인터넷에서 '캐디 불친절'로 검색하면 많은 글들이 올라와 있다. 주로, 캐디가 했어야만 했던 일에 관한 것이다. 가령, 거리를 불러주지 못하는 캐디, 오비와 해저드를 구분 못하는 캐디, 코스 공략법을 모르는 캐디, 그린을 못 읽는 캐디, 심지어 고객 클럽이 어떤 것인지도 모르는 캐디도 경험했다고 하니, 참으로 어처구니없는 현상이라고 할 수 있겠다.

　아이러니하게도 한국 골프 시장은 코로나19로 인해 더욱 커지고 있다. 주말에 부킹하기도 어렵고, 주중 3부도 고객들로 꽉 차, 밤 12시까지 골프장 불빛이 인근을 환하게 비추고 있다. 이런 호황기에 골프장 입장에서 가장 큰 어려움은 캐디가 부족해서 팀을 받을 수 없다는 현실이다. 골프장은 더 많은 팀을 받기 위해 제대로 교육받지 않은 캐디를 채용하며, 경력 캐디라면 묻지도 따지지도 않고 채용한다.

캐디를 평가하는 정확한 잣대가 없는 상황에서 캐디피의 상승은 고객불만이라는 역풍을 가져올 수밖에 없는 구조다. 캐디에 대한 고객 불만을 최소화하기 위해서는 캐디가 하는 일에 대한 정확한 규정과 캐디에게 등급을 부여해서 등급에 맞게 캐디피를 지불할 수 있어야 한다.

캐디피 현실화는 캐디 등급에 따라 고객이 캐디를 선택할 수 있어야 가능하다. 예를 들어, 캐디의 등급을 인턴 캐디, 3급 캐디, 2급 캐디, 1급 캐디, 프로 캐디로 다양하게 구분해야 한다. 캐디가 되기 위해서는 교육을 받아야 하는데 이렇게 교육을 받는 캐디 지망생을 인턴 캐디라고 칭하며, 인턴 캐디 과정을 마치면, 자연스럽게 3급 캐디가 된다. 3급 캐디, 2급 캐디가 되는 기간은 1년 이내이며, 2급 캐디가 된 후 경력과 자격시험을 통과하면 1급 캐디가 된다.

프로 캐디는 캐디 베테랑인 동시에 티칭 프로 자격증을 가지고 있는 자에 한해서 발급된다. 이상과 같은 캐디 등급제는 경험이 부족한 캐디에게는 그에 맞는 적은 캐디피를, 경험이 많고 능숙한 캐디에게는 그에 맞는 높은 캐디피를 받을 수 있게 만들어준다. 위에서 설명한 캐디 등급제를 도입하기 위해서는 가장 먼저, 캐디에 대한 이론적 배경과 업무에 대한 정의가 필요하고, 등급을 평가할 수 있는 공정한 제도가 뒷받침되어야 할 수 있으며, 이러한 제도가 사회적 동의를 얻어서 시행이 되어야 골퍼, 골프장, 캐디 모두에게 환영 받을 수 있을 것이다.

SECTION 12

어떻게 하면 캐디가 될까?

캐디(Caddie)는 약 500년 전에도 있었다.

제2장에서 역사적으로 캐디의 역할이 어떻게 변해왔는지에 대해서 설명했듯이 골프와 연관되어 캐디의 역할도 드라마틱하게 변해왔다. 캐디가 전문가로서 확실한 자리매김을 하게 되는 계기는 크게 두 가지로 볼 수 있다.

첫번째는 골프대회가 TV를 통해서 방영되면서, 타이거 우즈[64]라는 골프 스타의 등장으로 인해 우승상금이 비약적으로 증가하면서 캐디가 누구나 선호하는 돈을 많이 버는 직업이 되었다는 점이다.[65] 두번째는 기술적인 변화를 볼 수 있는데, 골프장에 카트라는 새로운 기술이 도입이 되었다는 것이다.

캐디와 카트는 매우 밀접한 관계를 가지고 있다. 특히, 한국에서 캐디 업무는 카트의 도입으로 인해서 너무 많은 것이 변했기 때문에 카트에 대해서 간략하게 설명한 후 캐디가 되는 방법에 대해서 설명할 것이다.

[그림 12-1] 캐디가 함께 탑승하는 5~6인승 골프 카트, 카트 뒷부분에 고객들의 골프백 4개를 실을 수 있다.　　　　　[장소]: 진천 에머슨G.C

한국 골프장에 카트가 도입된 것은 1990년대 초로 거슬러 올라가는데, 카트 도입 초창기에는 기술적인 문제로 인해서 시장 진입에 어려움이 있었지만, 2000년대 골프 카트가 미국과 달리 한국적인 특징을 탑재하면서 대중적인 인기를 얻게 되었다. 카트의 유래에 대해서는 조금 뒤에 설명하려고 한다.

골프 카트의 한국적 특징을 살펴보면

1. 카트 도로를 따라 움직이는 전자 유도식 골프 카트라는 점

미국에서는 카트가 그린을 제외하고 페어웨이 위를 다닐 수 있는 반면 국내에서는 유도선이 깔려 있는 카트 전용도로가 만들어져 있고, 페어웨이에서 캐디들은 리모컨을 이용하여 카트를 자동 운전함으로써 경기운영을 효율적으로 만들어 준다.

2. 고객 안전을 위해 캐디가 함께 탑승하는 5~6인승이라는 점

미국에서 운용되고 있는 카트는 평균 13세 이상 고객들이 스스로 운전하는 2인승 카트가 대부분이지만, 한국은 캐디가 고객 서비스의 일환으로 4명의 고객을 태우고 클럽을 운반한다.

3. 1일 2라운드 운행을 위해서 강력한 배터리와 내구성이 필요하다는 점

성수기에 대부분의 캐디들은 하루에 두 번 라운드를 도는데, 캐디들은 자신에게 지정된 카트(이것을 번호를 받는다고 표현한다)가 있기 때문에 같은 카트로 2라운드를 돌기 위해서는 카트의 배터리용량이 매우 중요하다. 겨울철에 보면, 라운드 도중에 배터리 문제로 카트가 멈춰서는 경우도 볼 수 있으며, 요즘과 같이 야간 경기(3부)가 많은 때는 오래된 카트일수록 중간에 서는 경우도 있다. 유독 산악코스가 많은 한국 골프장은 카트의 도입 자체가 잠재적인 인사사고를 유발할 수 있는 위험요소를 가지고 있기 때문에 카트를 안전하게 몰 수 있는 전문요원이 필요하게 된다.

이 역할을 맡게 되는 것이 바로 캐디다.

이렇게 골프장에 카트가 본격적으로 도입됨으로써, 안전과 경기 진행을 위해서 캐디가 반드시 필요하게 되었고, 이와 더불어 세계 최고의 스킬[66]을 보유하고 있다는 한국적 캐디가 등장하게 되었다. 골프 코스가 산악 코스가 아닌 링크스(Links)[67] 코스의 경우에는 캐디가 없는 노 캐디(No caddie) 제도를 운영하는 곳도 있지만, 이럴 경우에도 경기 진행[68]에 대한 골퍼들의 니즈(Needs)에 의해서 캐디가 있는 것을 선호하는 경향이 있다.

[그림 12-2] 스코틀랜드, 세인트 앤드류스의 링크스 코스 (St. Andrews Links).

[출처: Wikipedia.org]

이제부터 어떻게 하면 캐디가 되는지에 관해서 설명하려고 한다. 국내에서 캐디 업무를 배워서 캐디가 되는 방법은 세 가지가 있다.

첫째, 골프장

지금까지 거의 대부분의 캐디들은 골프장에서 교육을 받고 캐디가 되었다. 이 전통적인 방법은 주로 겨울철, 팀 수가 없는 한가한 기간에 신입 모집과 교육이 이루어지며, 골프장에서 직접 교육받는 것이 캐디가 될 수 있는 가장 확실한 방법이다. 그러나, 캐디가 되는 가장 확실한 방법임에도 불구하고, 골프장에서 캐디 교육을 받고 캐디가 되는 확률은 매우 적다.

교육 도중 그만두는 확률이 80% 이상이다.

중도 퇴소율이 이렇게 많은 이유는 골프장에는 캐디 교육만을 위한 전문인력이 거의 없기 때문에 교육의 대부분은 선배 캐디(주로 조장)가 고객과 함께 라운드를 나갈 때, 따라나가서 어깨 너머로 캐디의 업무를 배우기 때문이다. 또한 동반 선배의 수준에 따라 교육의 질적 차이가 매우 크다. 교육기간 동안 숙식은 무료로 제공되며, 별도의 수익은 발생하지 않는다.

둘째, 캐디양성센터

전통적 방법에 의한 캐디 교육이 제대로 이루어지지 않기 때문에 비교적 최근에 자연발생적으로 생겨난 곳이 캐디양성센터다. 캐디양성센터의 특징은 많은 비용을 내고 짧은 기간에 수료한다는 것이다.

조금 더 구체적으로 설명하면, 약 200만원의 비용을 미리 내거나, 돈이 없는 여자 교육생의 경우 골프장에 하우스 캐디로 취업한 후에 교육비를 지불하기로 약정하고, 입소하여 약 10일간의 캐디 교육을 받는다. 이 때 받게 되는 교육은 골프이론, 카트 운전, 클럽 서브, 그린 서브 등 캐디가 하는 전반적인 업무를 배우게 되며, 이 교육을 마친 후 연계된 골프장으로 취업하게 된다.

캐디양성센터는 캐디 업무를 배우기 위한 최소한의 장치(교육장, 카트, 그린 등)만이 있기 때문에 필연적으로 연계 골프장에 가서 본격적인 교육(동반 라운드 위주)을 받아야 한다. 골프장 입장에서 본다면, 골프 이론과 캐디 업무 이론을 아는 신입 캐디를 뽑은 것과 같아서 골프장 신입 캐디 교육처럼 양성센터 졸업자들을 동반 라운드를 통해서 새롭게 교육시켜야 한다.

캐디양성센터 졸업자가 다시 실습을 위해 연계골프장에 입사하여 재교육에 걸리는 시간은 최소 1개월에서 2개월 정도 소요되며, 퇴소율에 대해서는 알려진 바가 없다. 이 방법은 전통적인 캐디 교육방법에서 벗어나지 못하는 한계를 가지고 있다. 골프장에 신입캐디로 들어가면 무료로 가르쳤던 것을 캐디양성센터에서는 약 200만원의 돈을 내고 10일간의 교육을 수료한 후에 골프장으로 가서, 다시 처음부터 배워야 한다는 것이다. 즉, 골프장 교육에 의존해야만 하는 한계를 여전히 가지고 있다.

셋째, 캐디위탁교육센터

캐디위탁교육은 전통적인 골프장 신입 캐디 교육이 잘 이루어지지 않고 있다는 점과 돈이 없으면 캐디 교육을 받을 수 없는 이상한 현실을 극복하고자 만들어졌다. 골프장에는 안정적인 캐디 공급을 그리고 교육생에게는 자기부담금 없이 교육을 받을 수 있고, 실습을 위주로 하는 인턴 캐디 제도를 실시하기 때문에 졸업 후에는 자연스럽게 연계된 골프장에 취업하게 된다.

캐디위탁교육업체에서 만들고 있는 취업과 연계된 인턴 캐디 제도는 실질적인 면에서 골프장과 캐디 지망생 간에 상호 윈윈(Win-Win) 모델이라고 할 수 있으며, 이 때 가장 중요한 것은 인턴 캐디 제도를 뒷받침할 수 있는 교육 시스템과 각 교육생들에게 맞는 평가시스템 그리고 취업이 연계된 교육이라고 할 수 있다. 이 때 배우게 되는 것은 기초 과정과 실무 과정으로 나누어지며, 기초 과정에는 골프 이론과 골프 룰, 클럽 서브, 그린 서브, 점수 계산하기를 배우고, 골프 이론 시험과 골프 룰 시험, 카트 운전 테스트를 통과한 교육생에 한하여 골퍼와의 실습 라운드를 할 수 있도록 한다.

실습 라운드 과정 중에는 클럽 매칭과 클럽 핸들링을 포함한 클럽 서브, 그린 서브, 경기 진행, 고객 4인의 점수 계산하기, 카트 리모컨 사용 방법, 캐디 수첩 사용하기, ICT를 활용하여 음식 주문하기 등에 관한 실무적인 경험을 하게 되며, 실습을 통해서 스킬이 부족한 교육생들에게는 교육자들이 실습과정에 따라붙어서 경기 진행 등에 대해서 실제적으로 가르친다.

고객, 골프장, 교육기관의 다면평가를 통해서 교육생마다 부족한 부분에 대해서는 추가 교육을 실시한다. 이때, 교육생 개개인을 평가할 수 있는 평가 시스템과 성적을 관리할 수 있는 시스템 등이 갖춰져 있어야 인턴 캐디 제도를 운영하기 용이하다.

[표 12-1] 캐디 업무를 배울 수 있는 곳에 대한 비교

	기간	비용	퇴사율(%)	교육 특징	비고
골프장 (경기팀, 경기과, 경기운영팀)	약 3개월	무료	약 80~90	동반 라운딩 위주	주로 겨울에만 모집 어깨너머 교육
캐디양성센터	약 10일	약 200만원	통계치 없음	기초 교육 위주	수료 후 연계골프장으로 이동하여 약 1~2개월간 재 교육
캐디 위탁 교육 센터 (인턴 캐디)	약 6주~10주	자기 부담금 없음	약 40	고객/교육/동반 라운드 위주	수료 후 연계골프장에서 코스 교육만 받음

[출처: www.golf-n.co.kr]

참고로, 캐디역사와 밀접한 관계를 가지고 있는 골프 카트 역사에 관해서 이야기하고 본 장을 마무리하려고 한다.

1960년대에는 미국에서도 골프를 치기 위해서는 반드시 캐디가 필요했다.

그런데, 1960년대 개발된 골프 카트는 캐디를 대체할 수 있는 최고의 수단으로 부각되었다. 그 이유는 골프 카트를 도입하고 카트 사용료를 받으면, 골프장 매출과 상관없는 캐디피를 받을 필요없이 카트 사용료를 받을 수 있기 때문이다.[69] 골프장 입장에서 본다면, 카트의 도입은 신규 매출의 증가로 이어졌다.

이런 생각을 실천에 옮긴 사람은 탬오샌터 골프클럽(Tam-O-Shanter Golf Club)의 CEO 조지 메이(Gorge S. May)[70]였다. 메이는 골프장의 모든 캐디를 해고한 후 골프 카트를 대량 구매해서, 캐디없이 라운드를 할 수 있도록 만들었으며, 골퍼들이 골프공을 쉽게 찾을 수 있도록 골프장 내에 모든 러프를 짧게 잘라버렸다.[71] 처음 개발된 골프 카트는 그림처럼 2인승으로 개발되어 라운드 중에 힘들게 걸어 다니지 않고, 편안하게 카트에 앉아서 2명 골퍼와 그들의 골프클럽을 운반할 목적으로 만들어졌다.

시대 변천에 따른 골프 카트(일명 골프 카)의 변화를 보면 아래와 같다.[72] (참고로 한국에서 많이 사용되고 있는 야마하 카트는 1975년, CT&T는 2002년에 생산을 시작하였다.)

[그림 12-3] 벤 호건이 모델인 1960년대 초창기 삼륜 골프 카트
[출처: myusualgame.com]

[그림 12-5] 최신 모델 골프 카트
[출처: clubcar.com]

[그림 12-4] 1980년대 야마하 골프 카트로 현대의 카트와 매우 닮아 있음
[출처: cartpros.com]

위 그림에서 보듯이 미국의 골프 카트는 골퍼가 직접 운전하는 2인승 모델의 골프 카트로 미국의 퍼블릭 골프장에는 캐디 대신 카트가 맹활약하고 있다.

SECTION 13　캐디 교육의 새로운 트랜드

　　캐디 교육의 새로운 트랜드는 이론 교육과 더불어 실습이 더 중요한 인턴 캐디 제도다.

　　인턴(Intern)의 정확한 의미는 최근에 학업을 마치고 단기간(Short time: 3~6개월) 동안 특수한 일이나 경험을 얻기 위해서 회사나 기관 등에서 일하는 학생이나 사람을 일컫는 말로서, 때로는 무보수로 일하기도 한다.[73]

　　인턴이라는 말을 한국어로 번역하자면, '견습생(見習生)', '견습사원(見習社員)', '실습생(實習生)'이라고 부를 수 있으며, 일반적으로 미국, 한국, 일본에서는 영어 그대로 인턴이라고 부르며, 인턴을 주제로 한 영화들도 한미일 모두 특색 있게 만들었다. 본문 내 포스터는 미국에서 '앤 해서웨이'와 '로보트 드니로'가 주연한 인턴(Intern)을 주제로 한 영화와 일본과 한국에서 제작된 인턴에 관련된 영화다.

　　원래 미국에서 사용되었던 '인턴'이라는 용어는 의과대학을 졸업하고, 의사면허를 받은 후 병원에서 임상실습을 받는 전문의 1년차 과정을 일컫는 용어

[그림 13-1] 한미일 3국의 인턴에 관련된 영화 포스터

다. 병원에서 인턴은 전문의 1년차 때에 배웠던 의학 이론을 실제 환자에게 적용하는 방법을 제대로 배우기 위해서 만들었던 중간 단계 즉, 실습 위주로 배우게 되며, 이런 실습 단계를 거치지 않게 되면 필연적으로 발생할 수밖에 없는 것이 바로 의료사고이기 때문에 환자와 의사 모두를 위해서 생겨난 제도가 바로 인턴제도다.

이러한 유래를 가지고 있는 인턴제도는 국내에서는 IMF 이후 사회 전반에 걸쳐서 다양한 직군에서 도입되었는데, 국제기구, 대기업, 공공기관, 정부기관, 은행, 중소기업 등에서 이용되고 있으며, 각 직종에 정식 구성원이 되기 전에 실습을 통한 훈련을 받는 사람이나 과정 전체를 일컫는 말로 인턴이라는 용어를 사용하는 범위가 매우 넓게 퍼졌다.

결국 인턴이라는 제도를 요약하자면, 어떤 업무인지 실제로 경험할 수 있는 제도라고 할 수 있을 것이며, 인턴제도를 궁극적으로 인턴쉽을 마친 후 취업이 가능한가에 따라 분류를 하면, 인턴을 마치고 해당 회사에 고용되는 취업형 인턴제도와 취업과 연계되지 않은 체험형 인턴제도로 나눌 수 있다.

캐디의 수요와 공급이 무너진 골프장업계에서도 신입 캐디 모집을 위하여 인턴 캐디 제도를 적극적으로 활용하고 있다. 인턴 캐디란 '하우스 캐디'가 되기 위해서 캐디 업무를 실습하고 있는 교육생으로, 골프와 캐디에 관한 기초 이론을 배우고, 실제로 캐디가 하는 업무를 실습하고 있는 교육생을 일컫는 말로, 개인적인 편차가 존재하지만 보통 6~10주 동안 인턴 과정을 거치며, 과정 수료 후에는 취업까지 연계되는 과정을 통칭한다.

인턴 캐디를 통해서 캐디가 하는 역할을 배우고, 그 과정을 마친 후 캐디가 되기 때문에 캐디가 되고 싶은 많은 사람들이 지원을 하고 교육을 받지만, 약 40%는 중도에 포기한다. 최근에는 하우스 캐디들도 공백기를 극복하기 위해서 교육을 받는 경우도 증가하고 있다. 인턴 캐디 제도는 아래와 같은 많은 장점에도 불구하고, 캐디 교육의 체계가 없는 업체들로 인해서 부작용이 발생하기도 한다.

[장소: 대영베이스CC]

[그림 13-2] 그린 서브 교육을 받고 있는 인턴 캐디

그렇다면 인턴 캐디의 장점에 대해서 먼저 살펴보기로 하자.

인턴 캐디의 장점은 다음과 같다.

1. 캐디라는 직업에 대해 A부터 Z까지 체험할 수 있다.

이것이 바로 인턴 캐디 제도가 만들어진 가장 핵심적인 이유이다. 취업이 어려운 사회적 환경 등을 비추어볼 때, 2개월 정도 짧게 인턴 캐디로 캐디 업무를 배우고, 실습을 통해서 캐디가 하는 일에 대해서 구체적으로 알아가고, 자신의 직업에 대해 경험하면서 전문성을 얻고, 자신의 꿈에 대해 한 발자국 더 나아갈 수 있는 것이 인턴 캐디의 최고 장점이다.

2. 인턴 캐디를 통해 경력을 쌓고, 골프장으로 취업까지 된다.

캐디는 머리로만 할 수 있는 것이 아니다. 머리가 알고 있는 일을 몸으로 체화(體化)하는 과정이 반드시 필요하다. 그래서 골프 세미 프로들이 캐디에 도전해서, 제대로 배우고 캐디가 되려고 하지만, 지금까지 캐디 교육 경험에 비추어 봤을 때 소수의 인원만이 캐디가 될 수 있었다.

인턴 캐디 제도는 혼자서만 배우는 것이 아니라 같은 꿈을 이루기 위해서 만난 서로 다른 동반자들과 협력하고 도우면서, 하우스 캐디가 되기 위해 노력하는 모습 자체가 골프장업계에서 원하는 바이기도 하며, 서로 존중하고 상생하는 모습이 바로 인성이라는 이름으로 발전되어 인턴 캐디 자체가 자신의 경력으로 작용하게 된다. 지금까지 인턴 캐디과정을 거쳐 약 500명 이상이 하우스 캐디가 되어서 현업에서 활동하고 있다.

[그림 13-3] 인사 교육을 받고 있는 인턴 캐디

3. 골프장 입장에서 보면 지원자를 쉽게 검증할 수 있다.

캐디 지망생의 입장에서 보면, 인턴 캐디 제도는 캐디라는 직업에 대해서 미리 경험하고 캐디 생활을 미리 배울 수 있는 장점이 있으며, 골프장업계 입장에서도 인턴 캐디 제도를 통해 얻을 수 있는 매우 큰 장점이 있다. 바로 골프장 입장에서는 효율적으로 캐디를 채용할 수 있다는 것이다. 실제 골프장에서 직접 신입 캐디를 모집하고 교육시켜서 하우스 캐디로 만들 수 있는 확률은 10~20% 정도 밖에 되지 않기 때문에, 골프장에서 직접 신입 캐디를 모집하고 교육하는 것은 효율적이지 못하다는 평가를 받고 있다.

골프장에서는 인턴 캐디 졸업자들을 대상으로 캐디가 갖추어야 할 스킬(Skill)과 적응력을 확인 가능하며, 신입을 하우스 캐디로 만드는데, 소요되는 비용을 절감할 수 있다는 점이 매력적이다.[70] 그리고, 인턴 캐디 과정을 거쳐 채용된 캐디는 아무 것도 모르는 신입 캐디에 비해서 비교적 쉽게 업무에 적응하며 캐디가 해야 할 일을 알고 있으므로, 코스를 숙지 시킨 후 바로 현장에 투입 가능하기 때문에 골프장 입장에서 본다면 캐디 수급에 훨씬 유용한 면을 가지고 있다.

이러한 장점에도 불구하고 인턴 캐디가 가지고 있는 단점도 아래와 같이 명확하게 드러난다.

1. 인턴 캐디 제도를 왜곡한다.

원래 인턴 캐디 제도는 채용을 전제로 한 개념으로 만들어졌다. 그러나, 최근에 인턴 캐디 제도를 모방한 양성센터의 등장으로 인해서 캐디 교육의 질적 하락 및 인턴 캐디 제도 자체가 왜곡되고 있는 실정이다.

인턴 캐디를 수료하더라도 채용이 보장되지 않기 때문에 인턴십에 참여하고 있는 교육생들만 이용당하는 것이 아니냐는 여론도 있는 것이 사실이다. 교육생들을 이용만 한다는 인식은 골프장 입장에서 부족한 캐디로 인한 고민을 제3의 업체를 등장시켜 쉽게 근무에 투입하려는 것 때문에 발생하는 것이며, 교육생 자체로 볼 때도 부실한 교육을 받기 때문에 취업과 연계되지 못한다는 것이 문제라고 할 수 있다.

2. 실질적인 도움이 되지 않는다.

골프장에서 인턴십을 하면서 캐디를 경험한다는 좋은 취지가 있는 인턴 캐디가 카트 운전만 하는 드라이빙 캐디(Driving Caddie)로 변질되고 있다. 인턴 기간 동안 캐디가 되기 위해서 갖추어야 하는 이론적 실무적 경험이 뒷받침이 되지 못하면, 아무리 오랜 기간 드라이빙 캐디를 한다고 해도 하우스 캐디가 될 수는 없다. 드라이빙 캐디는 말 그대로 골프장에서 캐디가 부족하기 때문에 캐디가 해야 할 많은 업무를 제외하고 단순하게 카트만 운전하는 캐디를 총칭하는 말로서, R&A 골프 규칙 10.3항에 나와 있듯이 카트 운전만 하는 사람은 캐디가 아니다.

3. 열정페이만 양산할 뿐이다.

취업에 목 말라 있는 젊은이들에게 열정을 대가로 노동착취를 하는 것을 열정페이라고 한다. 실제로 교육이 동반되지 않은 인턴 캐디 제도는 젊은이들의 열정페이만을 요구하는 것이 맞다. 캐디가 되기 위해서는 체계적인 교육과 실습이 이루어져야 한다. 그러나, 일각에서는 인턴 캐디 제도가 악용되어 캐디 교육도 없이 운전만 하는 캐디를 양산하고 시간이 지나면, 다시 교육생을 수료가 아닌 퇴소 시키는 악순환을 반복하기 때문에 열정페이 문제를 양산하고 있다고 할 수 있다.

인턴 캐디 제도가 위에 설명한 바와 같이 명확한 장점과 단점을 동시에 가지고 있음에도 불구하고, 캐디의 수요 공급 불균형을 바로잡기 위해서는 인턴 캐디 제도가 올바른 방향으로 활성화되어야 한다. 한국 골프장업계는 최고의 호황기를 맞이하고 있다. 이와 더불어 캐디의 수요와 공급이 심각하게 불균형 상태가 되었기 때문에 자연스럽게 그린피와 캐디피가 상승하고 있으며, 비싼 그린피와 캐디피에 대한 반발로 아래 그림과 같이 청와대 홈페이지에 국민청원까지 등장한 상황이다.

[그림 13-4] 골프장 그린피, 캐디피, 카트비 인하를 요구하는 국민 청원

[출처: 청와대 홈페이지, 2020년 10월 22일]

[그림 13-5] 실습 후 클럽을 정리하고 있는 인턴 캐디

캐디에 대한 수요와 공급의 심각한 불균형이 발생한 가장 큰 이유는 바로 누구나 쉽게 캐디가 될 수 없기 때문이다. 캐디가 일반 서비스업처럼 며칠 이론 교육을 배우고, 동반교육 몇 번을 통해서 2주만에 뚝딱 만들어질 수 있는 직업이었다면, 애초부터 캐디에 대한 공급 부족 현상은 발생하지 않았을 것이다.

어느 양성센터가 자신 있게 하는 주장하는 것처럼 2주만에는 캐디를 만들 수 없다. 하우스 캐디가 되기 위해서는 당사가 R&A 룰에 기초하여 만든 최소한 7가지 업무에 대한 능숙한 이해와 상황에 따른 적절한 조치가 이루어져야 한다.

하우스 캐디가 해야 할 7가지 업무 즉, 운전하기, 멘트하기, 정보와 조언하기, 클럽 서브, 그린 서브, 경기 진행, ICT 등에 대해서 체계적인 이론 교육과 성과에 따른 맞춤 교육과 실습을 통해서 만들어 나가야 할 것이다.

당사는 이러한 교육 체계를 바탕으로 인턴 캐디 제도를 통해서 한 사람의 전문가 캐디가 될 수 있도록 최선의 노력을 경주하고 있으며, 이러한 제도를 근간으로 하여 다양한 이해 당사자가 통일된 캐디 교육 프로그램을 만들어 나아가야 향후 골프장업계에서 인턴 캐디 제도가 열정페이가 아닌 취업과 연계된 인턴 캐디 제도로써 자리매김할 수 있을 것이다.

미주

59) 생크(Shank)는 임팩트 시 볼이 클럽 페이스의 중앙에 맞지 못하고, 클럽 헤드(Head)와 샤프트(Shaft)의 접합 부분에 맞아서 엉뚱하게 날아가는 현상을 말한다. 생크가 나면 캐디가 위험할 수 있으니, 캐디의 위치는 고객의 앞 쪽에 있는 것이 아니라 고객의 후방에 위치해야 한다.

60) 회사는 왜 캐디를 '사장님'으로 만들어줬나. [김선수, 노동을 변호하다](3)캐디노조설립신고행정소송. 출처: 프레시안 2013년 5월 15일, 글쓴이: 김선수변호사

61) 골프장에는 마샬(Marshall)이라는 직종이 있다. 주로 아마추어 대회가 열리는 골프장에 가면 만나게 되는데, 마샬은 주로 프로골퍼 지망생이거나 캐디였다가 경기와 업무를 배우기 위해서 거치는 과정이라고 보면 될 듯하다. 마샬은 골프장에서 골프를 자유롭게 칠 수 있는 대신에 적은 보수를 받으면서 코스에서 경기를 진행하고 관리하는 진행요원을 말한다.

62) 위 내용은 한국골프소비자원(golsomo.org)에 소개된 마샬 캐디에 대한 것을 참고했다.

63) 각 단계마다 목표와 체크리스트를 별도의 책 '캐디 8주 완성'에 자세하게 소개하려 한다.

64) 타이거 우즈(Tiger Woods, 1975~): 미국의 프로 골프선수로서, 골프 역사상 가장 뛰어난 골프선수 중 하나로 여겨진다. 최연소 커리어 그랜드 슬램을 달성하였으며, 잭 니콜라우스 이후 두 번째로 3회의 커리어 그랜드 슬램 기록을 달성하였다. 통산 PGA 82승(샘 스니드와 동률)과 메이저 대회 15회 우승(잭 니콜라우스 메이저 18회 우승) 기록을 가지고 있. 별명은 골프 황제다.

65) 프로 선수들의 캐디를 프로 캐디(투어 캐디, Professional Caddie, Tour Caddie)라고 하며, 프로 캐디의 경우 선수들로부터 연봉을 받으며, 동시에 우승상금의 7~15%를 별도의 수익으로 받는다.

66) 1명의 캐디가 동반 라운드를 하는 4명의 고객을 동시에 서비스하기 때문에 한국 캐디를 최고의 스킬을 가진 캐디라고 말하며, 서비스 내용은 각 고객들에게 필요한 클럽 전달 및 거리에 관한 정보와 코스 상태에 따른 골프 전략 등을 조언한다.

67) 링크스(Links)는 스코틀랜드에서 시작된 가장 오래된 골프 코스 스타일이다. 링크스는 해변가에 생성된 것으로 가장 오랜 역사를 자랑하는 1860년에 시작된 'The Open' 대회는 링크스 코스에서만 시합을 진행한다. 링크스 코스의 전형적인 특징은 바람에 의해서 자연스럽게 생성된 모래 언덕과 농사를 지을 수 없는 모래 토양 그리고 언듈레이션(undulation, 코스의 기복)이 심한 표면이며, 골프 코스가 딱딱해서 일반 골프장에 비해 런(run, 지표면이 딱딱해서 골프공이 잘 굴러가는 것)이 더 많다. 한국에서 링크스 코스는 사우스 링크스 C.C나 현대 더 링크스 C.C처럼 바다 간척사업으로 인위적으로 만든 바닷가 골프 코스를 말한다.

68) 1라운드(Round)는 전반 9홀과 후반 9홀로 구성되며, 경기 진행 속도는 전반과 후반 각각 1시간 50분을 권장하고 있다. 경기 진행 속도는 캐디와 고객에 따라 다르며, 캐디가 미숙하거나 고객이 초보자일 경우에는 경기 진행 속도가 느려 져 이로 인한 고객 불만이 발생하게 되며, 한국에서 노 캐디 제도가 환영 받지 못하는 가장 큰 원인이기도 하다.

69) 캐디피는 일부 동남아국가를 제외하고 골프장의 수익이 아니라, 캐디에게 돌아가는 수익이며, 한국의 경우에 캐디는 특수고용직으로 캐디피는 고객이 캐디에게 직접 현금으로 준다. 캐디피는 1라운드를 기준으로 12~15만원이다.

70-74

70) 조지 S. 메이(1890-1962)는 1940년대와 50년대 골프를 대중화한 것으로 유명하며, 자신이 소유하고 있던 탬오샌터골프클럽에서 All America Open과 world Championship of Golf를 포함한 여러 토너먼트를 개최하였다. 이 때 대회상금을 대폭 증가시켜 방송과 대중의 관심을 끌어 모은 골프 사업가다. 그는 1953년 처음으로 전국적으로 골프방송을 시작했으며, 방송사가 돈을 지불하고 방송을 하도록 하였으며, 갤러리가 입장료를 지불하고 경기를 관람할 수 있도록 대규모 관람석을 만들기도 했다.

71) 참조: jtbc GOLF magazine, jtbcgolf.joins.com/news/news_view.asp?news_type=17&ns1=32062 2017년 6월 6일

72) 참조: 1. en.wikipedia.org/wiki/Golf_cart
2. thegolfnewsnet.com/golfnewsnetteam/2018/02/08/visual-history-club-car-evolution-golf-cart-108315/
3. golfcarttips.com/a-history-of-golf-carts-the-men-and-their-machines/

73) 출처: Cambridge Dictionary

74) 골프장에서 신입캐디를 뽑아 교육하여, 실제가 캐디가 되는 확률을 20%가 되지 못하며, 1인당 소요되는 비용도 300만원 이상인 것으로 조사되었다.

part 4

캐디의 미래

SECTION 14 캐디, 그 존재의 이유 및 고용보험 시행의 실체적 영향

SECTION 15 89구 9762와 노동3권의 부활

SECTION 16 법률 개정에 따른 고용의 변화

SECTION 17 앞으로 캐디가 나아갈 방향은?

2021년 7월 1일 캐디의 산재보험 가입이 시작되는 날이다.[75]

자영업자가 아닌 노무제공자(고용보험 및 산업재해보상보험의 보험료징수 등에 관한 법률 제48조의3 노무제공자의 고용보험 특례 참조)로서 고용보험에 가입하게 되는 것이다. 2020년 12월 9일 국회에 통과한 이 법안에 따라 캐디는 고용보험과 산재보험에 가입해야 하며, 위 법 제48조의3 4항에 따라 사업주가 노무제공자 부담분을 원천 공제하여 납부하여야 하고, 5항에 따라 공제계산서를 캐디에게 발급해야 하며, 6항에 따라 고용보험관계의 성립 및 소멸, 고용보험료 산정 및 부과를 해야 한다.

위 법에 따르면 산재보험 적용제외 신청 사유도 제한을 했는데, 종사자가 질병, 부상, 임신, 출산, 육아로 1개월 이상 휴업하거나, 사업주 귀책사유로 종사자가 1개월 이상 휴업할 경우, 대통령령으로 정할 경우가 아니면 산재보험 적용제외 신청을 할 수 없다. 즉, 산재보험도 당연가입이 되는 것이다. 고용노동부 장관이 고시한 직종별 근로자의 기준보수에 의하면 2020년 골프장 캐디의 월 보수액은 2,454,540원이다.

캐디의 고용보험 산재보험 가입으로 골프장업계는 혼란에 싸여 있다. 캐디는 세금을 많이 낼 것에 대해서 걱정을 하고, 골프장운영자는 어떻게 대처해야 할지에 대해서 고민을 하고,

골프장이용객은 캐디피가 오를 것에 대해서 냉소적이다.

각각의 입장에 대해서 간략하게 설명하면 다음과 같다.

캐디는 지금까지 현금으로 받았던 캐디피에서 고용보험료와 산재보험료를 내면 이에 따른 연금보험료와 건강보험료 그리고 세금 부담에 대해서 걱정을 하고 있고, 대부분 소득신고를 하지 않았기 때문에 받았던 정부로부터 기초생활자로서 받았던 혜택들 생계, 의료, 주거, 교육 기타 현물 지원 등이 다 없어지기 때문에 캐디를 그만두려고 생각하고 있는 사람들도 있다. 특히 신용불량자의 경우는 캐디를 그만둘 수밖에 없다고 생각한다.

골프장운영자는 노무법인, 인력 아웃소싱 업체, 캐디 파견업체, 카드결제업체 등으로부터 각종 제안들을 받고 있다. 노무법인은 고용보험료와 산재보험료 등에 관하여 골프장운영자에게 용역제공과 비용에 대한 제안을 하고 있으며, 인력 아웃소싱 업체와 캐디 파견업체는 캐디 파견에 관한 제안을 그리고 카드결제업체는 캐디피를 신용카드로 내면 캐디의 고용보험료를 대신 내주겠다는 제안을 하고 있는 상황이다. 골프장이용객은 캐디가 고용보험과 산재보험에 가입하면, 캐디 수익이 줄어들 것이기 때문에 지금까지 항상 그래왔듯이 캐디피를 올릴 것이라고 생각한다.

SECTION 14 캐디, 그 존재의 이유 및 고용보험 시행의 실체적 영향

지난 2020년 7월 28일, 한국경제연구원(이하, 한경연)에서 '특수형태근로종사자(이하, 특고) 고용보험 의무적용'에 대해서 부작용이 속출될 우려가 있기 때문에 입법을 반대한다는 의견서를 고용노동부에 제출하고 보도자료를 통해서 각 언론사가 이 내용을 대대적으로 기사화하였다.

한경연의 주장에 따르면 고용보험은 임금근로자 적용 원칙인데, 사용자성이 강한 특고에게 고용보험을 적용하는 것은 불합리하며, 입법예고안 쟁점 사항 첫 번째를 특고의 근로자성 여부라고 단정하였다.

한경연에 따르면, '근로자란 한 개의 사업체에 전속되어 지시 감독을 받지만, 특고는 두 개 이상 사업체와 계약을 맺을 수 있고 출퇴근 시간, 업무수행 방식 등에서 상대적으로 자율성이 있으며, 고용보험은 전속성이 있는 근로자를 대상으로 하는 제도이기 때문에 사용자성이 강한 특고에게 고용보험을 의무 적용하는 것은 원칙적으로 제도의 목적에 반한다.'고 주장했다.

캐디는 특고다.

그런데, 한경연이 주장하는 특고와 캐디와는 엄청난 차이가 있다.

이제부터 캐디가 하는 일과 그 소속을 알아보고, 한경연의 주장과 비교해 보자.

캐디는 한 개 골프장 경기과에 속하며, 두 개 골프장에 속하는 캐디는 본 적도 들은 적도 없다. 캐디는 경기과(때로는 캐디 조장)가 정해준 순번(지시)에 따라 근무를 하며, 특별한 사유가 없으면 정해진 라운드를 빠질 수 없다. 특별한 사유없이 빠지면 퇴사 사유가 된다. 또한 업무의 잘함과 못함에 따라 표창도 받으며, 벌칙도 받는다. 즉, 근무성과에 따라 상벌이 존재한다. 여기에 조금 더 나아가 대부분의 골프장에서는 무보수로 당번이라는 이름으로 경기과 근무를 의무적으로 해야 하며, 라운드 전이나 후 시간을 내서 의무적으로 한 달에 약 10회 이상의 배토(골프클럽으로 손상된 잔디에 모래로 채우는 행위)를 해야 한다.

캐디가 고객을 도와서 해 주는 일은 고객의 안전이 확보된 상황에서 카트 운전하기, 멘트를 통해서 고객에게 골프와 관련된 정보와 어드바이스 제공하기, 고객에게 클럽 전달하기, 그린에서 고객 서브하기, 원활한 경기 진행하기, 고객 점수 계산하기 등의 도움을 주는 일을 한다. 고객과 라운드 나가기 전에 백 대기라고 하여 라운드 시작 시간 1시간 전에 출근하여 백 대기를 하며, 라운드가 끝난 후에는 고객의 백을 차량까지 실어주고 카트를 깨끗하게 청소한 후 퇴근을

[그림 14-1] 배토를 배우고 있는 인턴 캐디

[장소: 진천 에머슨GC]

한다. 이렇게 근무하는 캐디의 보수는 골프장에서 받는 것이 아니라 고객에게 직접 현금으로 받는다.

한경연에서 말한 근로자의 정의와 비교해 볼 때, 이렇게 일을 하고 있는 캐디는 근로자(노동자)인가? 근로자라 함은 '임금을 목적으로 다른 사람(사용자)의 지휘 명령에 따라 근로를 제공하는 자'를 말하며, 2021년 현재 캐디의 정확한 신분은 노동조합법상에는 근로자이지만, 근로기준법상에는 근로자가 아니다. 캐디가 하는 역할은 같은데, 어느 법을 적용하는가에 따라 신분이 달라진다.

도대체 [근로기준법]과 [노동조합법]에서 말하는 근로자가 무엇이기 때문에 이렇게 신분적인 차이가 나고, 근로자로 인정 받으면 무엇이 바뀌는 것일까? (근로자가 되면 바뀌는 것에 대해서는 '노동3권의 부활'에서 설명할 것이다.)

먼저, 근로기준법과 노동조합법에서 말하는 근로자가 무엇인지 알아보자.

[근로기준법] 제2조 제1호에 "근로자란 직업의 종류와 관계없이 임금을 목적으로 사업이나 사업장에 근로를 제공하는 자를 말한다"라고 규정하고 있다. '근로를 제공하는 자'란 노무를 제공하는 자가 사용자의 지휘 명령 하에 있고 하나의 조직 속에 위치하고 있으며 경제적인 종속 하에 있는 것을 중심 요소로 한다. 이른바 사용종속관계에 있는 자를 말한다. [근로기준법]상 근로자로 인정되면 [근로기준법]의 적용대상이나, 인정되지 않으면 근로관계가 없으므로 [근로기준법]이 적용되지 않는다.

[노동조합 및 노동관계조정법] 제2조 제1호는 "근로자라 함은 직업의 종류를 불문하고 임금 급료 기타 이에 준하는 수입에 의하여 생활하는 자를 말한다."라고 규정하고 있다. 즉 [근로기준법]의 근로자와는 달리 타인과의 사용종속관계에 있지 않더라도 노동의 대가로서 보수에 의하여 생활하는 자는 모두 근로자이다.

조금 더 쉽게 설명하자면, 현재 [근로기준법]에 의한 근로자는 근로계약관계에 있는 근로자를 의미하며, [노동조합법]에 의하면, 근로계약관계에 있지 않은 실업 근로자도 근로자에 속한다. (뒤에 설명할 왜 캐디가 근로자가 아닌 사장님이 되었는지에 대해서 자세하게 설명할 예정이다.)

캐디는 임금을 목적으로 골프장과 근로계약서를 체결한 것이 아니기 때문에 근로기준법상 근로자가 아니게 되지만, 노동조합법상 '기타 이에 준하는 수입에 의하여 생활하는 자'에 의거하여 근로자가 된다. 지금까지는 캐디를 근로자로 보지 않았기 때문에, 고용보험 가입에 대해서는 캐디 본인의 선택에 따라 가입할 수도 가입하지 않을 수도 있었다. 고용보험은 1998년 10월 1일부터 1인 이상의 근로자가 있는 사업주는 의무적으로 가입하여야 하며, 2012년부터 자영업자의 경우도 본인의 선택 하에 고용보험에 가입해서 혜택을 볼 수 있도록 하였다.

정부는 2020년 7월 8일 캐디의 고용보험 가입을 골자로 한 '고용보험 및 산업재해보상보험법의 보험료징수 등에 관한 법률 일부개정법률안'을 입법 예고하였으며, 2020년 7월 28일 의견청취를 하고, 2020년 9월 8일 국무회의 의결을 거쳐 국회에 접수를 하였다. 2020년 12월 8일 국회 환경노동위원회 의결을 거쳐 2020년 12월 9일에 본회의를 통과하여 2021년 7월 1일에 실시되는 것이다.

2021년 7월 1일부터 캐디도 고용보험 가입 의무화 및 산재보험 가입 대상이 되며, 이 때부터 골프장에서 캐디가 어떤 존재가 되느냐가 매우 중요한 갈림길에 서있게 된다.

다시 질문을 하자면, 캐디가 근로자인가 아니면 사장님인가?

2021년 7월이 되면 골프장은 캐디에 대한 입장을 분명히 해야만 한다. 캐디를 근로자로 대우해 줄 것인지 아니면, 프리랜서 사장님으로 대우할 것인지에 대해서 말이다. 그런데, 중요한 것은 이 법이 통과되면 지금과 똑같이 캐디를 대우할 수 없다는 사실이다. 결정을 내리기 전에 우리 모두는 캐디의 존재의 이유에 대해서 고민을 해 보고 현실을 직시해 볼 필요가 있다.

골프장에서 캐디는 반드시 필요한 존재다. 캐디가 없다고 가정을 해 보면, 가장 힘든 것이 골프장이다. 코비드19가 사회 경제적으로 엄청나게 부정적 영향을 끼쳤지만 오직 골프장만이 코비드19의 최대의 수혜자가 되었다는 사실은 누구나 인정할 것이다. 2020년 11월에 시장 조사 차원에서 제주도에 방문하여 몇몇 골프장 임직원과 미팅을 한 적이 있다.

제주도는 12월까지 예약이 끝난 상황이며, 캐디가 없기 때문에 그 대안으로 오라CC는 드라이빙 캐디를 도입하고, 해비치CC는 마샬 캐디와 일부 회원들을 대상으로 노 캐디 셀프 라운드를 시행하고 있었고, 고객들의 반응도 좋다고 긍정적인 의사 표시를 하였다. 여기서 주목할 사항은 캐디가 없기 때문에 노 캐디 시스템으로 가든가 아니면 카트 운전만 하는 캐디를 채용한다는 것이다.

골프장이 캐디를 고용하는 이유는 첫번째가 고객의 안전이며, 두번째가 원활한 경기 진행, 세번째가 고객이 편안한 라운드를 할 수 있도록 전문적인 도움을 주기 때문이며, 마지막이 캐디를 이용한 인건비 절감 효과가 있기 때문이다.

결국, 캐디의 존재는 한국적 상황에서는 절대적으로 필요하다는 점이 지금의 고민을 낳게 되었다는 것이다.

[그림 14-2] 안전한 카트 교육을 배우고 있는 인턴 캐디

다음에는 "고용보험적용이 실체적(금전적)으로 골프장과 캐디에게 어떤 영향"을 끼칠 것인지에 대해서 살펴보고자 한다. 고용보험 의무화가 골프장과 캐디에게 어떤 영향을 미칠지에 관해서 실체적 영향을 세법과 보험료 위주로 알아보고자 한다.

국세청 홈페이지(www.hometax.go.kr)에 들어가서, 상단 메뉴 바 조회/발급 ⋯ 기준 조회 ⋯ 기준(단순)경비율(업종코드)에 들어가서 '골프장캐디'를 검색해 보면 세법상 캐디라는 직업에 대해서 실체적으로 알 수 있다. 귀속연도 2020년, 기준경비율코드 940914, 중분류명 인적용역[76], 세분류명 기타자영업, 세세분류명 골프장캐디, 업태명 협회 및 단체, 수리 및 기타 개인서비스업이 세법에서 보고 있는 캐디다. 쉽게 설명하면, 캐디는 골프장에서 경기자를 따라다니며 보조 용역을 수행하고 대가를 받고 있는 자영업자로 부가가치세는 면제된다.

[그림 14-3] 홈텍스에서 골프장 캐디 검색

이 정의를 근거로 해서, 캐디들이 걱정하는 '세금을 너무 많이 낼 것이다'라는 것부터 점검해 보자.

여기서는 두 가지 접근을 하게 되는데, 캐디가 근로자였을 경우와 캐디가 사장님이 되었을 때를 비교해서 설명해 보려고 한다. 논의를 시작하기 전에 가정을 먼저 만들고 진행해 보자. 고용보험을 가입하기 위해서 제일 먼저 선결되어야 하는 것이 바로 캐디의 소득이다. 소득이 정확하게 파악되어야 이를 근거로 해서 세금과 보험료가 책정되기 때문이다. 그래서 캐디피 1라운드 13만원, 일일 2라운드 26만원, 약 20일만 일한다고 가정해서 소득을 월 500만원, 그리고 비수기인 겨울철 두 달을 쉬는 것으로 가정해 보려고 한다.

캐디가 근로자라면 당연한 것이지만, 근로자가 아니더라도 골프장에서 캐디의 피보험자격 취득이나 상실 등을 정산해서 신고해야 하며, 이로 인해 골프장의 행정업무 부담이 가중될 수밖에 없을 것이다. 골프장에서 신고한 소득을 기준으로 1차적으로 고용보험료를 산정해서 납부하게 되며, 이 금액을 기본으로 국세청과 보험공단에서 2차적으로 세금이라는 항목과 건강보험, 연금보험 항목으로 보험료가 청구되는 것이다.

[표 14-1] 근로소득세 vs 종합소득세

세 목	근로자(월) 근로소득세	사장님(연) 종합소득세
총급여액	5,000,000원	50,000,000원
소득세	350,470원	3,125,000원
지방소득세	35,040원	312,500원
납부할 세금	385,510원	3,437,500원

[표 14-1]의 근로소득세는 2020년 근로소득 간이세액표에 따라 원천 징수하는 세금을 계산한 것이다. 이 때 배우자, 본인, 부양가족에 따라 기본 공제를 하게 되며, 경로우대자, 장애인, 부녀자, 한부모 가정에 따라 추가공제가 이루어진다. 위 [표 14-1]은 1인 가정을 기본으로 산출하였다. 급여에 대한 세금은 골프장(원천징수의무자)이 급여를 줄 때 징수하여 세무서에 납부하고, 다음 회계연

도 2월분 월급을 지급할 때 1년간의 정확한 세금을 정산(연말정산)한다.

여기서 원천징수란 이 정도 소득이라면 대략 어느 정도 경비가 소요되어 세금이 나올 것이라는 것을 미리 추정해서 대략적인 세금을 미리 부과하는 것으로 캐디의 경우 골프장이 급여에서 세금을 미리 원천징수하고 나머지 금액을 급여로 주는 것이다. 원천징수는 매월 5월 종합소득세 신고시에 과중한 세금과 조세저항이 심하기 때문에 국가의 편의를 위해서 하는 것이며, 근로자의 경우 연말정산, 종합소득세 신고, 경정 청구 등을 통해서 납세자의 권리를 행사해야 한다.

근로자의 경우 원천징수세액을 근로소득간이세액표에 따라 세액의 80%, 100%, 120% 중에서 선택할 수 있는데, [표 14-1]은 세액의 100%를 선택하였다. 캐디가 프리랜서(자영업)로 근무할 때는 종합소득세를 매년 5월 1일부터 5월 31일까지 신고하고 납부하여야 한다. 사업소득에서 경비를 빼고 위에서 언급한 기본공제와 추가공제, 국민연금보험 공제액 등을 빼고 계산하게 된다.

경비를 증빙할 수 있는 카드사용내역서나 보험납입, 임대료 등에 관한 서류 등을 준비해야 한다. 위 [표 14-1]은 연 소득 5천만원에 카드사용 등을 포함한 경비를 1년간 2천만원 사용하였을 경우를 산정해서 계산한 것으로 1인 가정이라고 가정할 경우에 연간 약 350만원 정도의 지방세와 종합소득세를 납부하게 된다.

근로소득세나 종합소득세 둘 다 과세표준에 대한 세율이 존재하는데, 우리나라 세법은 초과누진세율을 적용하고 있다. 즉, 연소득이 5천만원이라면, 4천6백만원까지는 15%, 4천6백만원에서 5천만원까지는 24%의 세율을 적용되는데, 이 계산을 하기 전에 소득공제와 세액공제 개념을 먼저 알아야 한다. 소득공제는 사업자들이 수입에서 경비를 빼는 것과 같이 근로소득공제라고 하여 총 급여에서 빼는 것으로 위의 세율을 곱하기 전에 먼저 빼 주는 것이며, 세액공제는 세율을 곱해준 후에 빼 주는 것이다.

[표 14-1]은 수식을 최대한 간단하게 만들어서 산출한 것인데, 근로소득세나 종합소득세에 따른 세금은 캐디 개인이 사용한 경비나 각종 공제에 따라 금액이 상이할 수 있으며, 위와 같이 가정해서 산출한다면 소득금액의 약 7% 정도가 세금이라고 할 수 있을 것이다. 고용보험을 실체적으로 접근해 봤을 때, 세금보다 더 많은 금액이 지출되는 것이 바로 보험료다. 고용보험 의무화가 되면, 캐디가 근로자인가 사업주인가에 따라 금액이 달라지게 된다. 아래 [표 14-2]와 비교해서 보면 쉽게 알 수 있는데, 캐디가 근로자일 경우에는 사업주와 50%를 나누어 월 급여가 500만원일 경우 근로자가 448,840원, 골프장이 500,990원을 부담하게 된다.

지금처럼 캐디가 프리랜서일 경우 국민연금과 건강보험을 사업주가 부담해야 하는 것이 전부 캐디 부담이 된다. 즉, 857,680원을 납부하여야 한다. 그런데, 여기서 참고해야 할 것은 건강보험 금액을 산정하기 위해서는 전년도 11월까지의 소득, 재산, 자동차에 따라서 달라지는데,

건강보험료 지역가입자의 월 보험료 = (소득+재산+자동차) 부과점수×189.7

[표 14-2] 월 500만원을 받는 근로자일 경우 보험료 및 보험료율

순서	항목		전체	근로자	사업주
1	국민연금		450,000원(9.0%)	225,000원(4.5%)	225,000원(4.5%)
2	건강보험		333,500원(6.67%)	166,750원(3.335%)	166,750원(3.335%)
	장기요양		34,180원(0.834%)	17,090원(0.417%)	17,090원(0.417%)
3	고용보험				
	실업급여			40,000원(0.8%)	40,000원(0.8%)
	고용안전, 직업능력개발사업	150미만			12,500원(0.25%)
		150인 이상			0.45%
		150인-1,000인미만			0.65%
		1,000인 이상			0.85%
4	산재보험		(보수총액*보험료율)/1,000 "골프장운영업" 7.93%		39,650원
합계(150인 미만인 경우)				448,840원	500,990원

위 수식을 사용하게 되며, 이를 보다 자세하게 알고 싶으면 국민건강보험 ⋯▶ 민원여기요 ⋯▶ 사이버민원센터 ⋯▶ 4대 사회보험료 계산을 참조하면 편리하게 계산할 수 있다.

프리랜서 캐디가 연소득 5천만원, 주택 등의 재산이 없고, 자동차가 없을 경우에 예상지역보험료는 연간 3,662,690원이 되며, 국민연금은 연간 5,400,000원 합계 9,062,690원에 달한다. 즉, 월 500만원을 받을 경우 건강보험료와 국민연금은 총 817,680원이다. 위에서 분석해 본 바와 같이 세금의 경우에는 개인의 경비나 공제 정도에 따라 변동폭이 많이 있을 수 있기 때문에 캐디가 걱정하는 만큼 세금을 많이 떼는 경우는 많지 않을 것이다. 다만, 골프장과 캐디 사이에 대립으로 작용할 것이 바로 국민연금과 건강보험이다.

위 [표 14-2]에 분석한대로, 캐디를 근로자로 인정해서 골프장에서 4대 보험을 납부하게 된다면, 캐디 1인당 월 500,990원의 보험료가 부과되며, 캐디가 100명일 경우라면 월 50,099,000원, 연간 601,188,000원의 4대 보험료를 부담해야 한다. 여기에 골프장이 추가로 부담해야 할 것이 바로 퇴직금이다. 월 급여 500만원으로 계산하여 100명의 캐디가 있다고 한다면, 1년에 5억원의 추가 부담금이 발생한다. 즉, 100명의 캐디가 있다면 4대 보험료 회사분과 퇴직금을 합쳐서 연간 11억원의 캐디로 인한 신규비용이 발생하게 된다.

캐디가 근로자일 경우 4대 보험료는 월 448,840원, 연 5,386,080원이 부과되어 소득의 약 9%의 비중을 차지하게 된다. 골프장에서 캐디를 지금과 같이 프리랜서로 고용할 경우에는 [표 14-1]에서 고용보험료 중에서 실업급여 8%인 1인당 월 4만원과 산재보험료 월 39,650원, 100명일 경우 월 800만원, 연간 약 1억원을 부담하면 된다. 물론, 골프장은 캐디의 피보험자격 취득이나 상실 등을 정산해서 신고해야 하기 때문에, 이로 인해 골프장에서 캐디 행정업무를 담당할 신규인원이 필요하다.

골프장은 캐디의 피보험자격 취득이나 상실 등을
정산해서 신고해야 하기 때문에,
이로 인해 골프장에서 캐디 행정업무를
담당할 신규인원이 필요하다.

캐디가 프리랜서일 경우 골프장의 부담은 연간 11억원에서 1억원 정도로 대폭적으로 줄어드는 반면, 캐디들의 경우에는 1인당 새롭게 부담해야 할 금액이 연금보험 450,000원, 건강보험 333,500원, 장기요양보험 34,180원, 고용보험 40,000원, 산재보험 35,000원 월간 총 892,680원(약 17.9%), 연간 약 10,712,160원을 부담해야 한다. 수치로 정리하자면, 캐디가 월간 448,840원 vs 892,680원 어떤 것을 부담할 것인가의 문제가 되는 것이다.

다음에는 캐디의 신분에 관해서 너무나도 중요한 '사건번호 89구9762'에 대해 설명할 것이다.

[그림 14-4] 건강보험료 계산
[출처: 국민건강보험(www.nhis.or.kr)]

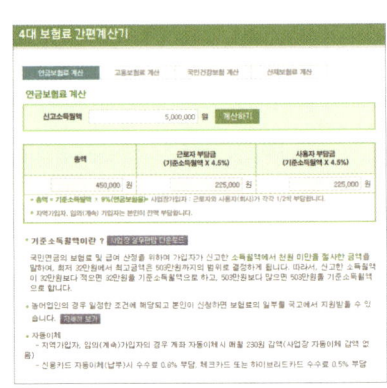

[그림 14-5] 4대 보험료 간편 계산기
[출처: 국민연금공단(www.nps.or.kr)]

[그림 14-6] 산재보험료 계산하기
[출처: 근로복지공단(www.kcomwel.or.kr)]

SECTION 15 89구9762와 노동3권의 부활

    1989년은 국외 여행이 완전 자유화되었고, 서울지하철노조의 파업으로 2주간 1호선을 제외한 전 구간이 운행 중단되어 노조원 6명이 해임되었으며, 최저임금제도를 10인 이상 모든 산업체로 확대하는 시행령 개정안이 확정되었던 해다. 국외로는 중국의 천안문 사태와 베를린 장벽이 붕괴되고, 폴란드의 자유노조가 총선에 승리한 해이다.

    위 사건으로 본다면, 한국을 비롯한 전세계적으로 자유화 물결과 노동자 권리에 대한 요구가 거대한 흐름이었는데, 한국은 정치 사회적으로 진보세력의 탄압이 본격화된 해이며, 학생운동과 노동운동 현장에서는 언제나 공권력이 투입되었으며, 공안사건들이 늘어나던 암울한 해이기도 하다. 1989년은 국제 노동운동권에게는 노동절이 처음 제정된 지 100년이 된 '메이데이 100주년 기념 해'였지만, 한국에서는 한국전쟁 이후로 단절되었던 메이데이를 되살리는 메이데이 쟁취의 해이기도 했다.

1989년은 골프장업계와 캐디에게 있어서 너무나도 중요한 역사적인 해이다

역사적 사건의 시작은 유성CC 캐디들이 자신들의 권익을 보호하고자 노동조합을 유성구청에 설립 신고하고, 이를 유성구청에서 설립허가를 득하면서 시작된다. 사건번호 89구9762는 골프장의 경기보조인(캐디)이 유성구청을 상대로 노동조합법 제4조 소정의 근로자에 해당하는지를 묻는 캐디에게 있어서 대단히 중요한 번호다. 89구9762에는 당시 캐디가 되는 방법, 역할, 골프장과의 관계를 연구하는 대단히 중요한 자료이며, 또한 캐디 스스로가 자신의 권익을 위해 노동조합을 결성해서 법의 판단을 받았던 캐디 역사에 있어서 의미 있는 사건이다.

아래는 89구9762번에 대하여 1990년 2월 1일에 서울고법에서 선고한 판결요지다.

> 노동조합법상 근로자란 타인과의 근로계약에 따라 사용·종속관계에서 노무에 종사하고 그 대가로 임금을 받아 생활하는 자를 말한다고 봄이 상당하다 할 것인 바, 골프장 내장객의 경기를 보조하는 경기보조인(캐디)이 골프장운영회사와 근로계약을 체결함이 없이 위 회사의 지시에 따라 특정 내장객과 조를 이루어 그들이 경기하는 동안 골프가방을 운반하는 등으로 그들을 도와주고 그 대가로 내장객의 골프장입장료(그린피)에 포함된 봉사료(캐디피)를 전달받는 이외에 경기종료후 내장객이 임의로 주는 봉사료를 지급받을 뿐 위 회사로부터는 어떠한 명목의 임금이나 급료도 지급받지 아니하였고 위 회사 또한 그들의 수입금액에 관하여 전혀 관여하지 아니할 뿐 아니라 위 수입액에 대하여 갑종근로소득세도 원천 징수하지 아니하였다면 위 경기보조인들은 골프장운영회사의 중개로 내장객과 고용 내지 도급계약을 체결하고 내장객의 경기를 보조하는 업무에 종사하는 것이라고 봄이 상당하므로 노동조합법 제4조 소정의 근로자에 해당한다고 보기 어렵고 비록 그들이 위 회사로부터 출근시간, 근무 상태, 경기

과정에서 생긴 잔디 파손 부분의 손질이나 청소 등에 관하여 일정한 범위 내에서 지시, 감독을 받고 있다 하더라도 이는 위 골프장시설을 이용함에 부수하여 질서를 유지하는 데 필요한 최소한의 범위에 국한되어 있는 것이어서 이러한 사정만으로는 그들과 위 회사 및 내장객 사이의 법률관계를 달리 볼 수 없다.

위 판결문의 요지는 '캐디는 노동조합법과 근로기준법상 근로자가 아니다.'라는 법의 판단이다. 즉, 캐디는 골프장운영자의 중개로 골프장고객과 고용 내지 도급계약을 체결하고 고객의 경기를 보조하는 업무에 종사하는 자영업자로 본 것이다. 이 때만해도 캐디가 캐디피를 골프장운영자에게 5천원을 받고, 골프장고객에게 1만원을 받았지만, 이 사건을 계기로 캐디피는 전액 고객이 부담하는 관계로 변하였다.

그렇다면, 왜 1989년 유성컨트리클럽에 소속된 캐디들이 노동조합을 설립했을까?

1989년 5월경 골프장 식당 직원들이 시간외 수당 문제로 회사 측과 협상이 결렬되어 식당 문을 닫았고, 그 여파로 캐디들이 아침식사를 못하는 나비의 날갯짓이 시작되었고, 이 일을 계기로 캐디들은 근로조건 개선을 요구하는 단체행동을 벌였다. 당시 캐디들이 제기했던 요구 사항은 캐디피 인상, 장기 근속자에 대한 격려금 지급, 한 달에 2일의 휴무 제공, 조장 직선제 등이었다.

그러나, 골프장 측은 캐디들이 조장을 직선으로 선출하는 것을 용납하지 않았고, 이에 캐디들이 자신들의 권익을 보호하기 위해서 1989년 6월 4일 유성관

광개발컨트리클럽노동조합 설립 총회를 개최하고 1989년 6월 23일 유성구청으로부터 노동조합설립신고증을 교부 받았다. 합법적 노동조합이 된 것이다.

그런데, 유성구청장은 1989년 7월 3일자로 노동조합에 노동조합설립신고수리를 취소한다는 통지를 보냈는데, 그 이유가 캐디들은 골프장과 근로계약을 체결한 것이 아니므로 근로자로 볼 수 없기 때문에 노동조합설립신고증 교부가 잘못되었다는 것이다. 이에 유성관광개발컨트리클럽 노동조합(원고)이 대전직할시 유성구청장(피고)을 상대로 노동조합 설립 신고수리취소 처분을 취소해달라고 1989년 7월 15일자로 서울고등법원에 행정소송을 제기하였고, 이에 대한 사건번호가 89구9762다.

이 때 핵심쟁점사항은 지금까지 해결되지 못한 문제인 '캐디가 근로자인가'라는 것이다.

위 원심 판결문처럼 캐디는 근로자가 아니게 되었으며, 이에 상고를 제기하고 3년 3월이 지난 1993년 5월 25일에 대법원 판결(90누1731)이 내려졌다. 판결의 주문은 '원심 판결을 파기하고 사건을 서울고등법원에 환송한다'는 것이다.

대법원은 서울고등법원과는 달리 골프장 소속의 캐디들은 회사와 종속적 근로 관계에 있다고 인정했으며, 캐디피가 근로기준법상의 임금이라고 단정하기는 어렵지만 당시 노동조합법 제4조 소정의 "기타 이에 준하는 수입"으로 볼 수 있기 때문에 캐디는 근로기준법상 근로자는 아니지만, 노동조합법상 근로자가 맞다는 것이다.

[표 15-3]은 캐디의 근로자성에 관한 법원의 판단에 관한 것이다.[77]

근로자성 인정유무	판단기관	날짜	사건번호	판시 사항
X	서울고법	1990. 2. 1	89구9762	캐디가 노조법 제4조 소정의 근로자에 해당하는지 여부
△	대법원	1993. 5.25	90누1731	가. 노동조합법상 근로자로 보기 위한 사용종속관계의 결정기준 나. 골프장 캐디가 노동조합법상 근로자에 해당한다고 본 사례
X	대법원	1996. 7.30	95누13432	가. 근로기준법상의 근로자에 해당하는지 여부에 대한 판단기준 나. 캐디는 근로기준법상 근로자가 아니라고 본 사례
X	서울행정법원	2001. 8.21	2000구30598	근로기준법 제14조 소정의 근로자에 해당한다고 보기 어렵다.
O	수원지법(1심)	2009.10. 9.	2009가합4896	가. 캐디의 근로자성 여부 나. 근로기준법상 근로자임
△	서울고법(원심)	2011. 8.26.	2009나112116	근로기준법상 근로자성 판단은 '사용자에 대한 임금의 종속성'을 기준 노동조합법상 근로자성 판단은 '업무의 종속성 및 독립사업자성'을 기준
△	대법원(최종판결)	2014. 2.13	2011다78804	가. 골프장 캐디가 근로기준법상 근로자에 해당하는지 여부(소극) 나. 근로기준법상 근로자에 해당한다고 볼 수 없으나, 노동조합법상 근로자성은 인정할 수 있다고 본 원심판단을 수긍한 사례
X	수원지법(1심)	2012. 8.10.	2009가합5899	근기법상 근로자 부정
O	서울고법(원심)	2013.10.11	2012나83515	근기법상 근로자 긍정
X	대법원(최종판결)	2014. 3.27.	2013다79433	원심파기

법원의 판례를 보면, 캐디를 근로자로 볼 것인가에 대한 판단 기준을 보면, 캐디와 골프장운영자의 관계는 종속적 관계에 있다는 점에 대해서는 누구나가 인정하고 있는 반면, 근로기준법상 근로자 판단 기준인 임금의 종속성에 관해서는 서로 다른 판단을 내리고 있다.

캐디와 골프장운영자간 임금의 종속성이 있다고 인정한 판결에서는 근로기준법상 근로자가 되는 것이며(수원지법 2019.10. 9.선고 2009가합4896, 서울고법 2013.10.11. 선고 2012나83616), 임금의 종속성이 없다고 판단하면 근로기준법상 근로자로 인정받지 못하였지만, 노동조합법상 근로자로 인정받는 근로자로 판시하였다(대법원 1993. 5.25. 선고 90누1731, 서울고법 2011. 8.26 선고 2009나112116, 대법원 2014. 2.13. 선고 2100다78804).

캐디의 신분을 변화시킨 두 가지 판례

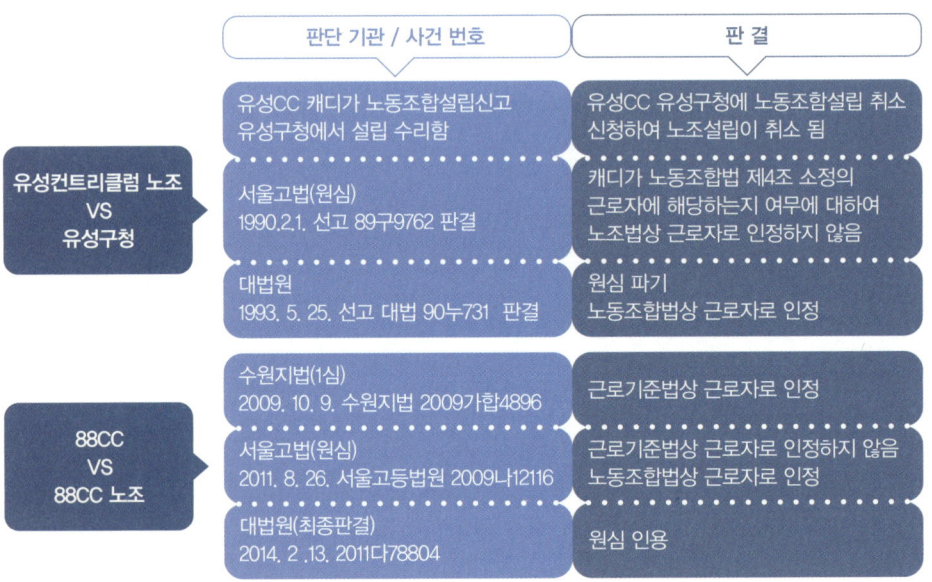

앞에서 법원의 판시를 살펴본 결과 캐디의 근로자성은 근로기준법상에서는 부정된 사례가 많은 반면, 노동조합법상에서는 근로자로서 인정된 사례가 많았다.

그렇다면, 노동조합법상 근로자가 갖는 의미는 무엇일까?

대한민국 헌법 제2장은 국민의 권리와 의무에 관한 것으로, 제33조 제1항 '근로자는 근로조건의 향상을 위하여 자주적인 단결권 단체교섭권 및 단체행동권을 가진다.'에 영향을 받게 된다. 위 조항에 의거하여 노동조합법은 근로자에게 노동 3권(단결권, 단체교섭권, 단체행동권)을 보장하고 있다. 단결권은 노동조건의 향상을 위해 노동자와 그 소속단체에게 부여된 권리로서 노동자가 노동조합을 조직할 수 있는 권리와 기존 노동조합에 가입할 수 있는 노동자 개인의 권리를 말한다.

단체교섭권은 노동자가 노동조합이나 기타 노동단체의 대표를 통해 사용자와 노동조건에 관하여 교섭하는 권리를 말하며, 노동조합법은 노동조합이 단체교섭을 요구할 수 있는 권리와 사용자가 단체교섭에 대응할 의무를 규정하고 있다. 사용자는 정당한 이유 없이 이를 거부할 수 없다.

단체행동권은 단결체의 존립과 활동을 실력으로 나타내려는 투쟁수단으로 헌법에서 단체행동권을 노동자들의 권리로서 보장하고 있어 노동자들은 단체행동권으로 정의권을 행사하여 사용자의 노무지휘권을 저지시킴으로써 기업업무의 정상적인 운영을 저해하는 집단적 행위를 정당하게 할수 있고, 사용자는 이로 인해 필연적으로 발생되는 손해를 감수해야만 한다. 이러한 의미에서 단체행동권의 보장은 노동자 개개인과 노동조합의 민사상 또는 형사상의 책임을 면제시키는 것이다.

2020년 12월 9일에 국회를 통과한 것은 캐디(특고)의 고용보험 및 산재보험 의무화와 골프장에 영향을 미치는 또 다른 법안인 해직자와 실직자의 노동조합(노조) 활동 보장이 핵심인 노조법 개정안도 통과되었다. 이 법안에는 해직자와 실직자의 노조 가입허용, 노조 전임자 급여지급 금지 규정 삭제, 단체협약 유효기간 2년에서 최대 3년 연장 등의 내용이 담겼다.

이 법안에 대한 이야기는 차치하고, 골프장 근무에 따른 근로기준법의 변화도 자세하게 알아볼 필요가 있다. 먼저, 2020년 개정 근로기준법에 추가사항을 알아보고, 그 다음으로 2021년 7월 1일부터 적용될 근로기준법 추가사항에 대해서 정리하려고 한다.

다음은 2020년 개정근로기준법 추가 사항에 관한 것이다.

첫째, 노동시간 단축이다.
연장 휴일 근로를 포함하여 1주(7일) 최대 52시간으로 노동시간이 단축되었다. 5인 이상~50인 미만 기업은 2021년 7월 1일부터 적용되며, 적용 대상은 직장인, 장기 계약직 노동자, 단기 계약직, 아르바이트, 외국인 노동자이다.

둘째, 최저시급은 8590원이다.
주 40시간 근로일 경우 최저 월급은 1,795,310원이며, 2021년 7월부터는 최

 노동조합법은 근로자에게 노동 3권(단결권, 단체교섭권, 단체행동권)을 보장하고 있다.

저시급 8720원, 최저 월급 1,822,480원이 되며, 이를 위반할 경우 3년 이하의 징역 또는 2천만원 이하의 벌금이 부과된다.

셋째, 사기업 공휴일이 적용된다.

2021년 1월 1일부터 30인 이상 300인 미만 기업, 2022년 1월 1일부터는 5인 이상 30인 미만 기업으로 확대 적용된다. 공휴일 + 15일(삼일절, 광복절, 개천절, 한글날, 신정, 설 추석 연휴 3일, 석가탄신일, 크리스마스, 어린이날, 현충일)이다.

넷째, 휴일 근로 수당 지급이 확대된다.

법정 40시간, 연장 12시간을 포함해서 주52시간을 기본으로 휴일 근로할 경우 가산 수당을 지급해야 하는데, 8시간 이내에는 50%, 8시간 초과할 경우 100%를 지급해야 한다.

다섯째, 통상적인 출퇴근길 사고도 업무상 재해에 해당된다.

2021년 7월 01일 적용될 근로기준법 추가 사항은 법조항과 함께 알아보려고 한다.

첫 째, 제14조 제1항 취업규칙과 근로기준법의 요지를 근로자들이 자유롭게 열람할 수 있도록 게시해야 하며, 위반시 과태료 500만원이 부과된다.

둘 째, 제17조 근로계약서를 법에서 규정하는 사항을 모두 담아서 작성해야 하며, 위반시 벌금 500만원이 부과된다.

셋 째, 제41조 근로자명부를 작성해야 한다. 이를 위반할 경우 과태료 500만원이 부과된다.

넷 째, 제42조 근로계약서류를 3년간 보존해야 한다. 이를 위반할 경우 과태료 500만원이 부과된다.

다섯째, 제42조 제2항 임금을 제 때에 지급하여야 한다. 이를 위반할 경우 3년 이하의 징역, 2천만원 이하의 벌금형에 처하며, 여기서 제 때란 매월 1회 이상, 일정한 날짜를 의미한다.

여섯째, 제48조 임금대장을 작성하여야 한다. 이를 위반할 경우 과태료 500만원이 부과된다.

일곱째, 제54조 8시간 근무 시 1시간 휴게 시간 보장해야 한다. 이를 위반할 경우 2년 이하의 징역, 1천만원 이하 벌금형에 처한다.

여덟째, 제56조 초과 근무 시 1.5배 추가 수당을 지급해야 한다. 이를 위반할 경우 3년 이하의 징역, 2천만원 이하의 벌금형에 처한다.

아홉째, 제60조 연차유급휴가를 부여해야 한다. 이를 위반할 경우 2년 이하의 징역, 1천만원 이하의 벌금형에 처한다.

2017년 국가인권위원회는 캐디를 포함한 특수형태근로종사자의 노동기본권 보호 및 처우 향상을 위해 고용노동부장관에게는 특수형태근로종사자의 노동3권 보장을 위한 별도의 법률을 제정하는 것을 권고했으며, 국회의장에게는 노동3권 보장을 위해 조속히 입법적 개선방안을 논의하는 것이 바람직하다는 의견을 표명하였다. 아래에 내용은 위원회 권고 내용을 발췌하여 정리한 것이다.[78]

권고의 배경을 보면, '특수형태근로종사자는 사업주의 이익을 위해 직접 노무를 제공하고 그 대가로 얻은 수입으로 생활하며, 노무제공 상대방과 대등한 교섭지위에 있지 않다는 점에서 일반적인 근로자와 유사하다. 이에 따라 위원회는 특수형태근로종사자들의 단결권 등 노동기본권 보호를 위해 국가인권위원회법 제25조 제1항에 의하여 제도개선 권고 및 의견표명을 하기로 결정한다.'고 명시하고 있다.

ILO[79] 결사의 자유 및 단결권 보호에 관한 협약(제87호)은 군대와 경찰을 제외한 근로자는 어떠한 차별도 없이 자유롭게 단체를 설립하고 가입할 권리가 있고, 단결권 및 단체교섭권 원칙의 적용에 관한 협약(제98호)(이하 '제98호 협약'이라 한다)은 조합원이라는 이유로 인한 고용거부, 해고 또는 기타 불이익한 차별행위로부터 보호받을 권리가 있음을 명시하고 있다.

노조법상 근로자성은 계약의 형태가 고용, 도급, 위임, 무명계약 등 어느 형태이든 상관없이 노무제공 상대방에 대한 사용종속관계가 있는 한 인정되고(대법원 1993.05.25. 선고 90누1731판결), 사용종속관계 판단에 있어서 인적종속성보다는 사용자의 지휘 감독의 정도 및 근로자가 독립하여 자신의 위험과 계산으로 사업을 영위할 수 있는지 등의 주로 '업무의 종속성 및 독립사업자성(경제적 종속성)'에 중점을 둠으로써 근로기준법과 노조법상의 근로자성을 각기 달리 판단하는 것이 보다 합리적(대법원 2014.02.13 선고 2011다78804 판결)이라는 입장을 취하고 있다.

따라서 법원이 노동3권의 향유 주체인 노조법상 근로자성을 판단하는 핵심적인 기준은 사용종속관계 하에서 타인에게 노무를 제공하는지 여부이며, 그에 대한 판단은 인적종속성보다는 업무의 종속성 및 경제적 종속성이라 할 것이다.

1989년 행정관청이 설립신고를 수리했다가 취소한 골프장 캐디 노동조합의 경우 1993년 대법원 판결(대법원 1993.05.25 선고 90누1731판결)로 해당 조합원들의 '노조법'상 근로자 지위가 확인되었지만 파기환송심 당시 조합원들은 모두 퇴직하거나 탈퇴한 상태였다. 즉, 법 해석을 통한 권리 보호의 한계를 드러냈다. 위원회는 2015년 '민간부문 비정규직 인권상황 실태조사'를 통해 13개 직종군 36개 직종의 특수형태근로종사자를 대상으로 법원이 근로자성 판단기준으로 삼고 있는 사용종속관계의 지표가 어느 정도인지 조사하였다.

[그림 15-2]를 보면 근로자의 종속성 종합지수가 0.4191인 반면, 캐디는 0.5503으로 사용자에 종속적 관계가 완전 종속성에 가깝게 나타났다. 사용 종속성 즉, 업무의 지시 감독 관리의 종속성은 근로자 0.3918보다 월등히 높은 0.6057로 조사되었고, 경제 종속성 다르게 표현하면 임금 종속성 및 독립사업자성에서 본다면 근로자 0.2941의 두 배 이상인 0.5751로 조사되어서 생활 기반인 골프장의 전속성을 보이고 있으며, 업무에 필요한 작업 수단도 모두 골프장 소유다. 다만, 조직 종속성 조사에서 근로자보다 낮은 수치를 나타내고 있다.

[그림 15-2] 특수형태근로종사자와 근로자의 종속성 지수 비교

직 종	종합 지수	사용 종속성	경제 종속성	조직 종속성
근로자(a)	0.4191	0.3918	0.2941	0.5714
특수 고용(b)	0.3691	0.3368	0.2870	0.4834
a-b	0.0501	0.0551	0.071	0.0880
골프장 캐디	0.5503	0.6057	0.5751	0.4701

[출처: 국가인권위원회 상임위원회, 2017.4. 6]
주: 각 지수는 -1에서 1까지 범위 내에 있으며, 1은 완전종속성, -1은 완전독립성을 의미함

[그림 15-3] 사용 종속성 문항 및 골프장 현황

사용 종속성 문항	골프장 현황
근무하는 장소와 근무시간은 누가 정하는가?	경기과 순번제
업무 수행방법이나 업무의 내용은 누가 정하는가?	경기과 백대기, 당번, 배토
업무수행과정에서 지시와 감독을 하는가?	경기과 경기 진행에 대한 지시 감독
업무관련 수칙이 존재하는가?	자율규정 및 복무규정
업무관련 점검, 회의, 교육, 조회, 면담을 하는가?	실시함
출퇴근 시간, 근무 시간, 회의 불참, 근무 장소 무단이탈, 업무수행의 내용이나 방법 위반에 대한 조치 사항이있는가?	벌칙이 있음

[출처: 상동 및 ㈜골프앤 자체 조사]

[그림 15-4] 경제 종속성, 조직 종속성 문항 및 골프장 현황

경제 종속성 문항	골프장 현황
현재 골프장에 일하면서 동시에 다른 골프장과도 계약을 맺을 수 있는가?	기본적으로 불가능
캐디 업무수행 시 작업 수단 –PDA, 무전기, 카트, 유니폼은 누구의 소유인가?	골프장 소유
위 작업 수단의 수리비용은 누가 부담하는가?	개인 책임이 강하면 개인 부담 가능
캐디 업무를 위해 자금을 투자한 적이 있는가?	대부분 없음
보수의 산정기준은 누가 정하는가?	골프장에서 확정
골프장에서 제시하는 업무가 캐디의 이익이나 조건에 맞지 않을 경우 자유로이 거절 할 수 있는가?	대부분 불이익, 규제 문제로 자유로운 의사표현이 제한되어 있음

조직 종속성 문항	골프장 현황
캐디 업무는 골프장의 운영에 있어서 반드시 필요한 업무인가?	경기과 업무에 꼭 필요
본인이 업무를 하지 않으면 골프장은 큰 어려움을 겪게 되는가?	경기과 업무에 큰 어려움을 줌
캐디 업무는 골프장의 일상적인 업무에 속하는가?	경기과 업무에 있어서 제일 큰 비중

[출처: 상동 및 ㈜골프앤 자체 조사]

" 2017년 국가인권위원회는 캐디를 포함한 특수형태근로종사자의 노동3권 보장을 위한 별도의 법률을 제정하는 것을 권고했다. "

SECTION 16 법률개정에 따른 고용의 변화

고용보험법 개정에 따른 캐디의 고용 변화를 알아보기 전에 먼저, 캐디와 골프장업계 3자와의 법률적 관계를 알아보기 위해서 다양한 논문과 관련 판례를 참고하여 정리하였다.[80] 특히 아래 정리 사항은 대법원 2014. 2. 13. 선고 사건번호 2011다78804 및 이 판결의 원심 서울고법 2011. 8. 26. 선고 2009나112116에 대한 고려대학교 법학전문대학원 김형배 교수의 논문을 많이 반영하였다.

캐디가 되는 방법과 캐디가 골프장운영자와 골프장이용객과 어떤 관계에 있고, 일과가 어떻게 되는지 살펴보려고 한다. 캐디가 되기 위해서는 골프장운영자의 '신입 캐디와 경력 캐디 모집'에 관한 공고에 응시하여 골프장운영자의 면접에 통과한 후, 신입 캐디는 약 세 달간의 교육을 거친 후 테스트를 통과해야 하우스 캐디가 되며, 경력 캐디는 약 3일간의 코스 숙지를 마친 후 캐디로 근무하게 된다.

이 때 캐디는 골프장운영자와 근로계약이나 고용계약 등의 노무계약을 전혀 체결하지 않는 상태에서 골프장운영자가 지시한 순번에 맞춰서 골프장운영자가 지정한 골프장이용객의 티오프(Tee-off) 시간에 맞춰서 1시간 전에 출근을 하며, 약 40분 전에 이용객의 골프백이 카드고에 내려오면 그 백을 이름에 맞게 정리하는 백 대기를 한다. 경기과에서 티오프 20분 전 캐디의 이름을 부르면 경기과에서 고객의 성함과 티오프 시간이 들어간 배치표를 받고, 백 대기장에서 자신의 고객 골프백을 찾은 후 자신의 카트에 싣고 스타트 광장으로 나간다.

스타트 광장에 나갈 때는 골프장운영자 소속의 경기과 직원에게 티오프 타임과 자신이 나갈 골프장 코스를 알려 주고, 경기과 직원의 지시에 맞게 스타트 광장의 대기 장소로 이동한다. 대기 장소로 이동한 후 이용객이 도착하기 전에 이용객의 골프클럽을 업무하기 편하게 잘 정리해서 놓고. 이용객이 도착한 후에는 고객과 고객의 골프클럽을 매칭(Matching)하는 것을 시작으로 본격적인 캐디 업무가 시작된다.

고객이 도착한 후에는 고객에게 클럽 커버를 벗길 것인지를 묻고, 주로 사용하는 어프로치에 대해서도 물어서 클럽을 정리한 후 스마트스코어를 사용하여 사진을 찍는다. 사진을 찍는 이유는 클럽과 커버 등의 분실 위험이 있기 때문에 이에 따른 고객과의 분쟁을 피하기 위해서 선제적으로 하는 행위다.

자신의 티오프 타임이 되기 전에 전반 라운드를 위해서 자신에게 지정된 코스 1번 홀로 이동한 후 고객의 안전을 위해서 스트레칭을 시키고, 오너를 선정한 후 홀 멘트[80]를 한 후 앞 팀이 어느 정도에 있는지를 살핀다. 앞 팀의 위치를 살피는 이유는 캐디 팀의 이용객이 캐디의 지시없이 볼을 쳐서 타구 사고가 날 수 있기 때문에 타구 사고를 미연에 방지하기 위해서 캐디가 앞 팀의 위치에 따라서 플레이를 할 것인지 말 것인지 결정하는 것이며, 캐디의 지시에 따라 이용객이 플레이한 후 타구 사고가 발생하면 캐디에게 책임이 있으며, 캐디의 지시없이 이용객이 자신의 판단 하에 플레이해서 타구 사고가 발생했다면, 이용객의 책임이 된다.

이용객이 티잉 구역에서 티샷을 마친 후 캐디는 이용객의 볼이 어디에 떨어졌는지를 확인해야 하며, 4명의 이용객의 볼 위치를 찾아서 그 위치에서 그린의 깃대까지 얼마 남았는지를 불러줘야 하며, 전반 3개 홀까지는 이용객이 자신의 비거리를 알고 있기 때문에 원하는 클럽을 달라는 대로 전달해야 하며, 전반 4홀부터는 선 서브 개념으로 이용객에게 거리를 말하면서 거리에 맞는 클럽 두 개씩을 전달해야 한다. 신입 캐디는 매번 이용객이 원하는 클럽을 물어보지만, 숙련된 캐디는 이용객이 말하기 전에 미리 이용객의 비거리와 클럽을 파악한 후 이용객에게 전달하는 차이가 있다.

이용객의 볼이 그린에 올라가면, 캐디는 이용객에게 퍼터를 전달해야 하며, 이용객의 볼을 마크하고 닦아서 리플레이스(Replace)해야 한다. 이용객의 볼과 홀 컵과의 라인(Line)을 읽고, 볼을 놓아야 한다(Lie).[82] 이 때 캐디는 이용객의 볼을 어떻게 놓았는지 라인의 브레이크 포인트(Break Point) 즉, 볼이 휘는 지점에 대해서 설명해 주어야 한다.

이 때, 캐디는 R&A 룰과 로컬 룰, 동반자 룰 이 세 가지를 고려해서 이용객이 판단을 요청하는 것에 대해서 설명해 주어야 하며, 이에 대한 페널티까지 부과하여 각 홀 마다 점수를 계산해서 기록해야 한다. 물론, 홀 중간 중간에 고객의 클럽에 이물질이 붙어 있는 것을 닦아주어야 한다.

카트 운행 중에는 항상 안전 멘트를 해서 고객이 안전할 수 있도록 노력해야 한다.

이렇게 9홀 전반 라운드를 마치면 다시 스타트 광장에 돌아와서 대기하고 있는 팀 수를 확인한 후 이용객들에게 대리 시간을 알리고 캐디도 잠깐 휴식을 취한다. 후반 라운드가 시작되면 전반 라운드처럼 이용객의 안전을 확보하면서 티샷 타이밍을 지정해 주고, 클럽을 전달해 주며, 홀 컵까지의 거리, 페널티 지역까지의 거리, 페널티 지역을 넘기는 거리, 공략 방향, 클럽 선택, 그린의 라인에 대한 어드바이스를 제공해야 한다.

이렇게 해서 라운드를 마친 후 이용객의 클럽을 깨끗하게 청소하고, 클럽을 정리한 후 이용객에게 클럽 분실 여부를 확인 받고 스마트스코어에 저장한 후 이용객의 서명을 받은 후 고객의 스코어를 전송한다. 스타트 광장에서 클럽을 정리한 후 이용객이 원하는 곳까지 고객의 골프백을 갖다 주어야 한다. 여기까지가 이용객에 대한 업무이다.

이용객의 골프백을 전달한 후 카트에 있는 쓰레기를 분리 수거해서 버린 후 카트를 물로 청소한 후 닦아서 카트고에 카트를 주차한 후, 사용하였던 테블릿과 카트 리모컨, 무전기 등을 경기과에 반납한 후 카트 일지 등을 쓰고 퇴근한다.

한 달에 한 번 정도 당번을 하고, 10회 이상 배토를 한다. 물론, 무보수다. 이상이 아주 자세한 캐디의 일과 및 업무에 관한 것이며, 캐디가 하는 일은 캐디의 숙련도 및 골프장마다 조금씩 다를 수 있다.

이상의 캐디 업무는 크게 세 가지로 나눌 수 있다.[89]

첫째, 경기보조업무

이상에 설명한 바와 같이 이용객이 골프를 즐길 수 있도록 선제적으로 이용객에게 도움을 주는 것이 캐디가 해야 할 가장 큰 업이며, 이를 통해서 캐디피라는 수익을 얻는다.

둘째, 경기 진행 업무

한국 골프장은 경기 진행을 위해서 로컬 룰로 특설 티(오비티, 페널티 티)를 만들어서 경기 진행을 빨리 하도록 유도하고 있으며, 경기과에 마샬을 두어서 경기 진행이 빨라질 수 있도록 노력하고 있다. 경기 진행이 늦은 캐디에게는 벌점을 주는 골프장도 있으며, 캐디는 항상 경기 진행 속도를 감안해야 하며, 골프장 관제 시스템의 GPS를 활용하여 경기 속도가 늦은 캐디에게 문자나 테블릿으로 경기 속도가 늦다는 것을 상기시켜 주고 관리하고 있다.

즉, 경기 진행 업무는 골프장의 수익을 증가시키려는 목적이기 때문에 이 일은 이용객을 위한 일이 아니라 골프장운영자를 위한 일이라고 판단할 수 있다.

셋째, 골프장 시설 유지 보수 업무

골프장에서는 캐디에게 홀을 지정하여 정기적으로 배토를 하도록 지시하고 있으며, 정기적으로 당번을 하게 하며, 캐디가 근태나 조퇴 그리고 고객의 컴플레인 등이 있으면 그에 상응하는 벌칙을 주고 있다. 이 벌칙들은 대부분 골프장 시설 유지 보수에 관한 업무이다. 물론 무보수다.

골프장 시설 유지 보수 업무는 골프장운영자를 위한 일이라고 할 수 있다. 위에서 설명한 것을 기반으로 이제부터 본격적인 법률관계를 설명해 보려고 한다.

1) 캐디와 골프장운영자의 관계

캐디와 골프장운영자는 근로계약이나 고용계약이 없지만, 국가인권위원회 조사에 나온 것처럼 강한 사용종속관계에서 노무를 제공하고 있다. 골프장이용객의 경기보조업무를 하고 골프장이용객에게 캐디피를 받아서 생계를 유지하고 있으며, 골프장운영자를 위해서 경기 진행업무를 하며, 골프장운영자를 위해서 골프장시설 유지 보수 업무를 하고 있다.

법에서 골프장운영자를 위해서 하는 행위는 임금을 목적으로 제공하는 업무가 아니라고 판단하고 있으며, 이에 따라 캐디는 근로기준법에 의한 근로자는 아니지만, 노동조합법상 근로자로는 인정받고 있다. 그러나, 캐디가 근로자로서 인정된 판례(서울고법 2013.10.11. 선고 2012나83515)에서 보듯이 캐디와 골프장운영자는 공생(계약) 관계가 성립되어 있다고 해석된다. 골프장운영자와 캐디 사이의 계약관계는 전속(專屬)적으로 계속되기 때문에 캐디는 골프장운영자가 정한 근무 시간과 근무 순번에 맞추어서 골프장이용객에게 경기보조업무 서비스를 제공해야 하며, 그 밖에 경기 진행업무와 골프장 시설 유지 및 보수 업무 등의 노무를 제공할 의무를 갖게 된다.

골프장운영자는 캐디 선발과 교육을 담당하고 있으며, 골프장운영자의 지휘 감독을 받으며 종속적 관계에서 노무를 제공하고 있다. 업무 태도 등에 따라 골프장운영자는 캐디에게 출장정지, 제명을 할 수도 있으며 VOC가 좋은 캐디를 이 달의 캐디로 뽑아서 금품을 주기도 하며, 평점이 나쁜 캐디에게는 경기과 청소, 당번, 배토와 같은 벌칙을 주기도 한다. 또한 골프장운영자는 카트를 구매하고 카트 이용객에게 카트 이용료를 받아 자신의 수익으로 하며, 캐디에게 카트를 빌려주고 이를 관리하도록 하고 있다.

이상과 같이 본다면, 캐디가 받는 캐디피는 이용객에게 경기보조업무를 하고 받는 것이 아니라, 이용객을 위한 경기보조업무, 골프장운영자를 위한 경기진행업무, 골프장 시설 유지 및 보수 업무를 함으로써 받는 비용으로 해석할 수도 있다. 캐디피가 위 세 가지 업무를 하고 골프장의 위임을 받아 고객에게 받고 있는 임금이라고 생각한다면, 캐디는 언제라도 근로기준법상 근로자로 판단해

[그림 16-1] 캐디와 골프장과의 관계

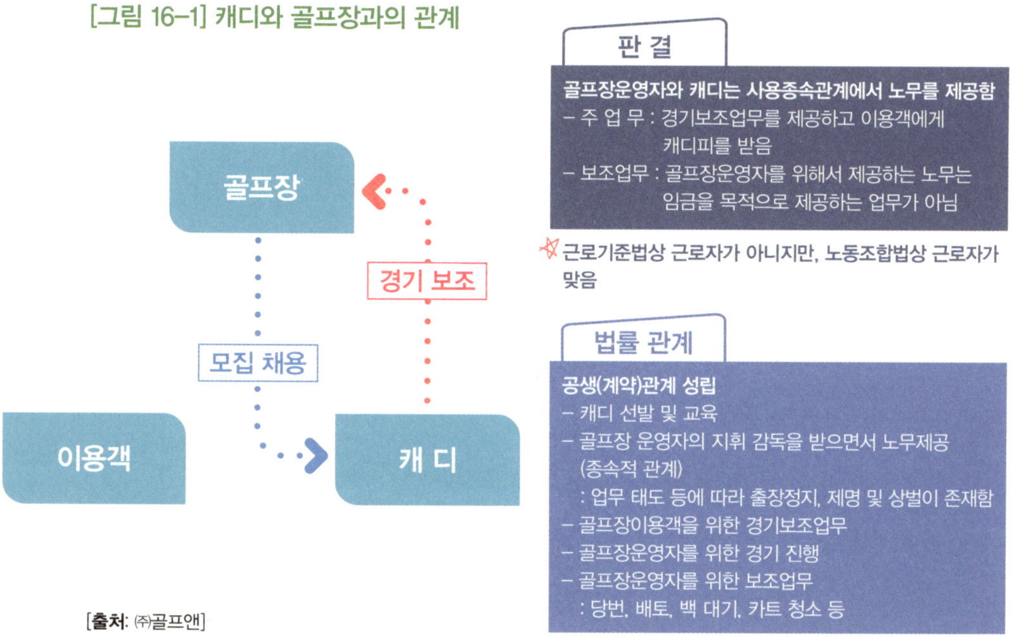

판 결
골프장운영자와 캐디는 사용종속관계에서 노무를 제공함
- 주 업 무 : 경기보조업무를 제공하고 이용객에게 캐디피를 받음
- 보조업무 : 골프장운영자를 위해서 제공하는 노무는 임금을 목적으로 제공하는 업무가 아님

★ 근로기준법상 근로자가 아니지만, 노동조합법상 근로자가 맞음

법률 관계
공생(계약)관계 성립
- 캐디 선발 및 교육
- 골프장 운영자의 지휘 감독을 받으면서 노무제공 (종속적 관계)
  : 업무 태도 등에 따라 출장정지, 제명 및 상벌이 존재함
- 골프장이용객을 위한 경기보조업무
- 골프장운영자를 위한 경기 진행
- 골프장운영자를 위한 보조업무
  : 당번, 배토, 백 대기, 카트 청소 등

[출처: ㈜골프앤]

도 이상할 것이 없어 보인다.

2) 골프장운영자와 골프장이용객의 관계

골프장운영자와 골프장이용객은 골프장 이용에 관한 계약만 체결하였지, 캐디가 제공하는 경기보조 서비스 용역에 관한 계약을 체결한 적이 없다. 골프장운영자와 캐디는 골프장이용액에 대해서는 상호 독립적 계약 주체이므로 골프장운영자는 골프장이용객에게 골프장 이용에 관한 골프장 시설 이용에 관한 권한을 제공하고 그린피와 카트피를 받고 있다.

골프장이용객이 캐디에게 지불하는 캐디피에 관해서는 캐디들이 골프장운영자의 중재로 골프장이용객과 고용 내지 도급계약을 체결하고 골프장이용객의 경기를 보조하는 업무를 한다고 본 판례(서울고판 1990. 2. 1. 선고 89구9762), 골프장운영자와 골프장이용객과의 사이에는 골프장 시설 이용 및 경기보조업무 제공에 관한 포괄적 계약관계가 성립한다고 인정한 판례(수원지판 2009. 10. 9. 선고 2009가합4896), 원래 골프장운영자에게 지급해야 할 캐디피를 골프장운영자가 위임한 캐디에게 직접 지급한 것으로 인정하는 판례(대판 1993. 5. 25. 선고 90누1731)가 있다.

현실에서 보자면, 캐디가 골프장이용객에게 제공하는 경기 보조 서비스 용역에 대하여 골프장운영자는 VOC(Voice of Customer; 고객의 소리)라는 형태로 고객의 칭찬과 컴플레인(Complain)을 골프장운영자에게 직접하도록 했으며, 이를 기반으로 캐디의 업무를 관리하며 상벌을 주는 기초 자료로 사용하고 있다. 또한 골프장은 골프장이용객에게 제공하는 경기 보조 서비스 용역에 범위에 대하여 골프장 자체의 신입 캐디 교육과 복무 규칙을 정하여 캐디의 역할에 대한 기준점을 제공하고 있기 때문에 골프장이용객에게 제공되는 경기 보조 서비스 용역에 대해서는 캐디와 골프장운영자와의 구체적인 사실관계에 따라서 법률관계를 규명해야 할 것이다.

[그림 16-2] 골프장운영자와 골프장이용객의 관계

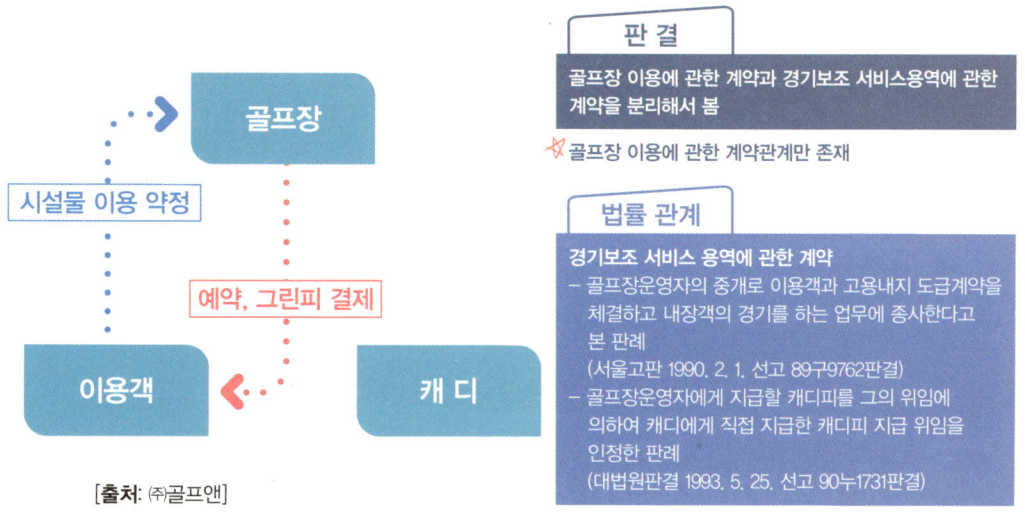

[출처: ㈜골프앤]

3) 캐디와 골프장이용객의 관계

캐디와 골프장이용객과는 용역계약이나 위임계약 등이 존재하지 않으며 서로가 상대방을 선택할 수도 없고 캐디피 액수에 관한 상호간 어떠한 약정도 존재하지 않는다.

캐디는 여전히 골프장운영자가 지정한 순번[84]에 따라 지정된 시간에 출장해야 하기 때문에 근무 시간을 자신이 선택할 수 없으며, 일부 골프장운영자는 캐디가 캐디피 이외에 받는 오버피[85]를 금지하고 있다. 근무 순서, 서비스 제공 대상자, 캐디피 등과 같은 계약 조건을 캐디 스스로 정할 수 없다.

즉, 캐디는 계약의 독립주체라고 말할 수 없다.

캐디가 계약의 독립주체가 될 수 없기 때문에 캐디가 받는 캐디피는 개개 골프장이용객과의 개별적 계약을 통해서 경기보조업무의 대가로 받는 수익이라기보다는 사용자인 골프장운영자가 사전에 정한 세 가지 서비스를 제공하는 받는 총체적 대가로 해석되어야 할 것이다.

캐디가 골프장이용객에게 제공하는 경기보조업무는 캐디와 골프장이용객과의 법률관계, 캐디와 골프장운영자와의 계약관계가 어디에도 존재하지 않기 때문에 경기보조업무의 범위도 존재할 수 없다. 즉, 명확한 경기보조업무가 존재하지 않기 때문에 골프장이용객이 캐디에게 또는 골프장운영자에게 할 수 있는 일은 단지 컴플레인에 불과하며, 골프장운영자 또한 캐디에게 고객의 컴플레인을 기반으로 상벌만이 존재할 뿐이다.

[그림 16-3] 캐디와 골프장이용객의 관계

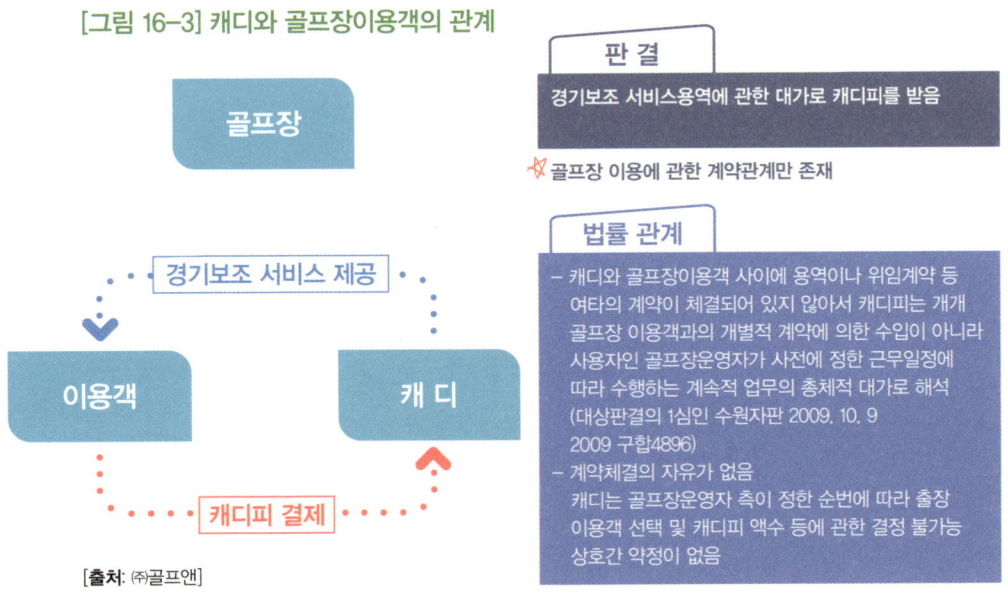

[출처: ㈜골프앤]

지금까지 골프장업계 3자의 법률관계에 대해서 살펴보았다.

이 법률관계의 핵심은 캐디의 근로자성에 관한 판단 기준이 된다.

캐디를 근로자로 인정한다면, 캐디는 골프장운영자와 법률적 관계가 있는 것이며, 캐디를 근로자로 인정하지 않는다면, 캐디는 골프장이용객과 법률적 관계를 가져야 한다. 이에 대한 판단은 지금까지 법에 의존한 면이 있었다면, 2021년 7월 1일 이후에는 골프장운영자와 골프장이용객, 캐디 3자가 이 관계에 대한 명확한 관계를 설정해야 하며, 캐디의 경기보조업무에 대해서도 명확하게 규정하여 관계 당사자간의 오해가 없도록 해야 한다.

지금까지 골프장과 캐디를 바라보고 있는 시선들을 비교적 객관적으로 정리하기 위해 학계, 법조계, 국가인권회, 연구소 등의 논문과 판례를 인용하였다.

다양한 의견들을 정리하면서, 내려진 결론은 하나로 귀결되었다. 캐디의 신분의 관한 것으로, 캐디가 임금을 목적으로 골프장운영자와 종속적인 관계에 있는 근로자인가 아니면, 골프장운영자가 위임한 캐디 업무에 대해 독자적으로 업무를 처리하고 골프장운영자의 지시 감독을 받지 않는 프리랜서인가이다.

이 근원적인 문제는 골프장마다 운영방식에 따라 캐디의 신분이 달라질 것이며, 개정된 고용보험법이 시행되는 2021년 7월 1일부터는 골프장마다 이에 맞는 대책을 내 놓아야 할 것이다. 이에 본 장에서는 골프장에서 대처할 수 있는 방법에 대해서 알아보고, 각각의 미치는 영향 등에 대해서 설명하고자 한다.

법률 개정에 따라서 골프장운영자가 취할 수 있는 네 가지로 골프장이 캐디 신분에 대해서 직접 책임을 지는 직접고용(근로자)이나 직접위탁(프리랜서)을 하거나, 캐디 신분에 대한 책임을 아웃소싱(Outsourcing)[86] 업체에 넘기는 간접고용(파견)이나 간접위탁(도급) 방법이 있다.

각각에 대한 자세한 설명은 다음과 같다

1) 골프장 직접고용(근로자)

골프장운영자가 캐디를 근로자로 인정하고, 캐디를 직접 고용하여 임금을 지급하는 방법이다. 캐디가 근로자가 되면 근로기준법 및 노동조합법이 적용이 되어서 주5일, 주52시간 근무가 적용되어야 하며, 휴게 시간 등이 보장되어야 한다. 또한 휴일에 근무할 경우에는 근로 수당을 지급해야 할 것이며, 주52시간을 초과하는 근무에 대해서도 추가 수당을 지급해야 한다.

캐디는 노동조합을 설립할 수 있다.

캐디의 복지향상과 권리를 위하여 노동조합을 설립할 수 있으며, 회사와 근무 방법 및 금액 등 노동조건에 대해서 교섭할 수 있는 권리가 생기며, 회사와 원만한 해결이 되지 않을 경우 공식적으로 단체행동을 할 수 있게 된다. 골프장 운영자 입장에서 가장 어려운 것이 캐디의 2근무가 어렵다는 사실이다.

캐디는 라운드를 나가기 전 1시간 전에 출근하여 근무 준비를 하며, 고객과의 라운드에 소요되는 시간은 4시간~4시간 30분 정도이다. 라운드를 마친 후 모든 것을 정리하고 난 후 1시간 정도 후에 퇴근하게 된다. 즉, 1라운드를 위해서 고객과 함께하는 시간을 제외하고 2시간의 준비 및 정리 시간이 걸리기 때문에 총 소요시간은 6시간~6시간 30분이 소요되며, 첫번째 라운드를 마치고 두번째 라운드에 바로 투입이 된다고 하면, 준비하고 정리하는 것이 중복되어서 2시간을 뺀다고 해도, 두 번째 팀과 함께하는 시간만을 계산해도 10시간 이상이 소요된다. 지금과 같은 시스템이라면, 캐디가 하루에 2라운드를 할 수 없다.

골프장운영자 입장에서 본다면, 지금보다 더 많은 캐디가 필요하며 당연하게 캐디 또한 하루에 2라운드가 불가하기 때문에 수익이 1/2 이하로 줄어들 수밖에 없다. 또한 골프장운영자가 부담해야 하는 신규 비용이 발생한다. 위에 내용을 그대로 가정하고, 4대 보험 부담분과 퇴직금 등을 감안하면 연간 약 10억원 이상의 신규비용이 발생한다.

[그림 16-4] 골프장운영자가 캐디를 직접 고용하는 경우(근로자)

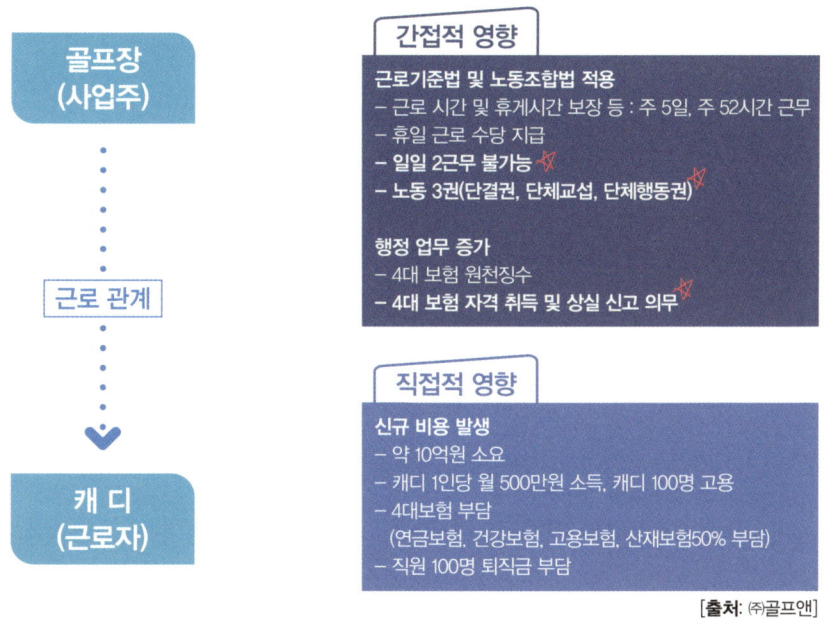

2) 골프장 직접위탁(프리랜서)

골프장운영자가 두번째로 선택할 수 있는 방법은 캐디를 지금처럼 프리랜서로 업무를 위탁하는 방법이다. 캐디는 프리랜서로 골프장운영자와 자유계약을 하고 골프장운영자가 위임한경기보조업무(캐디업무)를 독자적으로 처리하면서 골프장운영자의 지시와 감독을 받지 않기 때문에 원칙적으로 노동법의 적용 즉, 노동법의 보호 대상에서 제외된다.

캐디는 프리랜서 자유계약자로 골프장운영자와 계약을 했기 때문에 근무 시간 및 휴게 시간 등에 관한 근로기준법 적용대상에서 제외된다. 이로 인해 자유롭게 2라운드, 3라운드를 자신의 책임하에 계약할 수 있으며, 더 많은 수익을 얻을 수 있다. 골프장운영자는 법률개정에 따라 행정업무 즉, 고용보험과 산재보험 자격 취득 및 상실에 대한 신고를 해야 하며, 고용보험료와 산재보험료를 원천징수해서 납부해야 한다. 이 때 발생하는 고용보험과 산재보험료는 약 1억원 정도로 예상된다.

캐디를 프리랜서로 직접 위탁하는 방법이 골프장운영자가 선택할 가능성이 가장 높다. 이 방법이 가장 친숙하고 익숙한 방법이기도 하며, 약 1억원의 추가 비용만 부담하면 되고, 캐디 입장에서 보아도 캐디피를 올릴 수 있다면 4대 보험 납부 부담과 상계할 수 있기 때문에 가장 안정적이고 바람직한 방법이라고 생각할 수 있다.

그러나, 골프장운영자와 캐디에게 가장 익숙하고 좋은 방법임에도 불구하고, 골프장운영자가 캐디를 프리랜서로 직접 고용해서 캐디 업무를 위탁하는 방법은 가장 큰 리스크(Risk)를 가지고 있다.

캐디의 직접위탁 방법의 대전제는 캐디가 독립적인 주체가 되어야 한다는 것이다. 말 그대로 독립적인 계약 주체가 되어서 골프장운영자가 캐디를 관리하거나 감독해서는 안 되며, 캐디가 해야 하는 본연의 업무만 해야 한다는 것이다.

이 문제는 다시 캐디 본연의 업무가 무엇인가에 대한 것이 된다. 지금까지 판례에서 보았듯 캐디 본연의 업무가 골프장 이용객을 위한 경기보조업무, 골프장운영자를 위한 경기진행업무, 골프장운영자를 위한 골프장 시설의 유지 보수 업무 등의 세 가지를 본연의 업무로 할지, 아니면 캐디 업무를 새롭게 정의해서 적용할지에 대해서는 골프장운영자의 재량 하에 달려 있다.

캐디와의 프리랜서 계약은 시한폭탄을 가지고 있는 것과 같다.

캐디는 법률에 의해서 노동조합법상 근로자로서 인정받고 있기 때문에 노동조합을 언제든지 만들 수 있는 존재며, 그 가능성은 법률개정으로 더 가속화될 것으로 예상된다.

[그림 16-5] 골프장운영자가 캐디를 직접 위탁하는 경우(프리랜서)

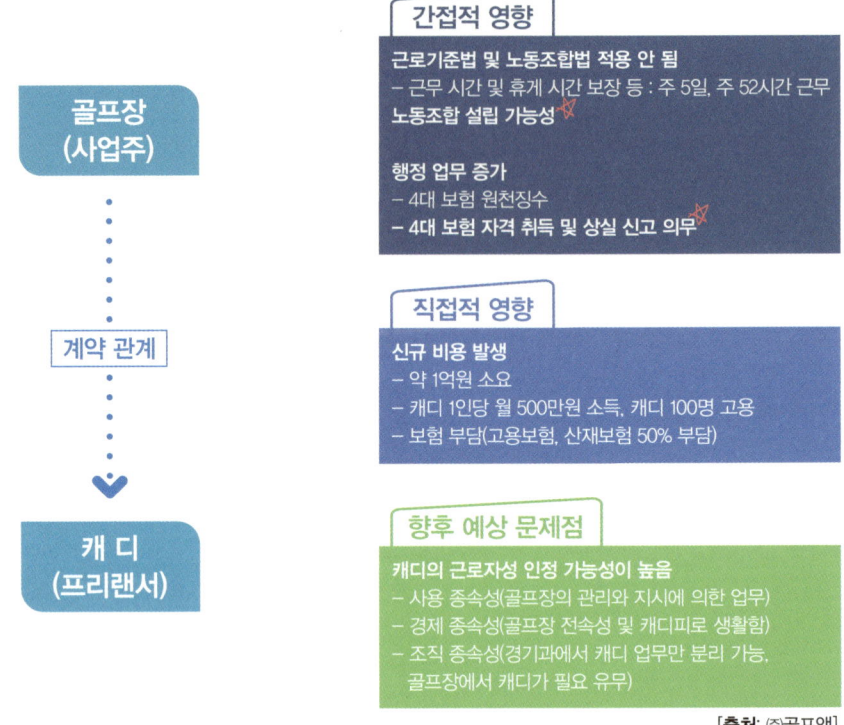

[출처: ㈜골프앤]

3) 골프장 간접고용(파견)

골프장운영자가 선택할 수 있는 세 번째 방법이 아웃소싱 업체를 통해서 캐디를 모집하고 관리하는 방법으로 많은 골프장운영자가 선택하려고 하는 방법이며, 인력 아웃소싱 업체에서 골프장운영자에게 접근하는 방법이다. 또한 캐디양성(교육)센터에서 캐디파견업이라고 하여 골프장운영자에게 제안하고 있다.

이 방법이 바로 캐디파견업이다. 모든 직종은 [파견대상자보호에 관한 법률(이하 '파견법'이라고 함)]에 적용을 받으며, 동법 시행령 별표에서 통계청 고시 5차 개정 한국표준직업분류를 기준으로 파견대상업무를 규정하고 있다. 골프장 캐디는 한국표준직업분류 제6차 개정(2007년)에 표준 직업으로 분류되었다.

파견법을 보면 32개 업무에 대해 근로자 파견을 허용하고 있다.[87]

파견허용업무에는 번역가 및 통역가의 업무, 창작 및 공연예술가의 업무, 영화 연극 및 방송관련 전문가의 업무, 컴퓨터관련 (준)전문가의 업무, 정규교육이외 교육 준전문가의 업무, 기타 교육 준전문가의 업무, 예술 연예 및 경기 준전문강의 업무, 음식 조리 종사자의 업무, 자동차 운전 종사자의 업무, 건물 청소 종사자의 업무, 수위 및 경비원의 업무, 주차장 관리원의 업무, 배달 운반 및 검침 관련 종사자의 업무 등이다.

위 업무 중에서 캐디(43292)[88]와 가장 비슷한 업무에 속할 수 있는 것이 분류코드 28 예술, 연예 및 경기 준전문가의 업무다. 이 업무의 정의는 업소 등에서 음악, 무용 등을 공연하고 운동경기에 참여하거나 경기훈련을 지휘하는 것이다. 직업운동선수, 직업경주선수, 경기 감독 및 코치, 경기 심판, 기타 운동 경기 관련 준전문가, 체력 훈련가 등으로 캐디와는 완전 다른 업무를 한다.

캐디는 분류코드 43에 속하는 직업으로 운송 및 여가 서비스직에 속하며 43 분류에는 431 운송서비스 종사자, 432 여가 및 스포츠 관련 종사자 2개의 소분류로 구성되어 있다.

즉, 캐디 파견은 불법이다.

파견법은 포지티브 시스템(Positive System)[89]으로 정부에서 인정한 업무를 제외하고 다른 업무는 원칙적으로 파견이 허용되지 않는다. 노무법인 한수의 박진호 대표노무사에 따르면, 그래서 업계에서 이를 위장도급이라고 용어를 사용하고 있으며, 이는 불법파견이라는 말과 같다. 도급계약이 위장도급, 불법파견에 해당하는지 여부는 고용노동부 지침에 따르면, 하청업체가 사업주로서의 실체성을 가지고 있는지, 하청업체가 인사노무관리상의 독립성을 가지고 있는지를 기준으로 판단한다.

사업주로서의 실체성이란 하청업체가 실질적으로 위임받은 도급업무를 독자적인 기술력과 자본 노동력을 투입할 능력이 있는지 및 사업주로서의 법률상 책임을 부담할 수 있는지 여부와 관련한 요소이며, 인사노무관리상의 독립성이란 하청업체의 직원들에 대하여 구체적인 업무지휘 감독을 하는지 여부와 관련한 요소로 하청근로자에 대한 지시감독권한을 누가 행사하는지에 관한 것이다.

불법 파견으로 판정되는 경우 골프장운영자는 캐디를 직접 고용해야 한다.

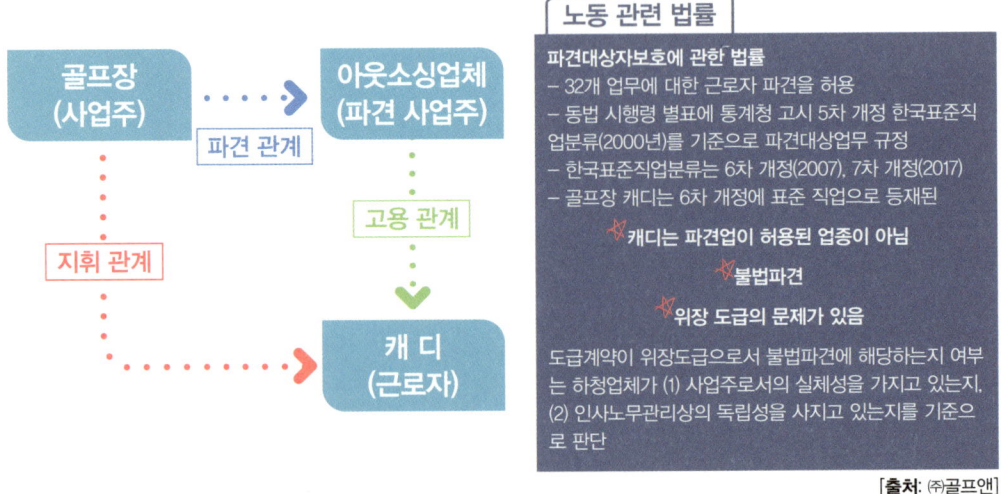

[그림 16-6] 골프장운영자가 캐디를 간접 고용하는 경우(파견)

[출처: ㈜골프앤]

4) 골프장 간접위탁(도급)

골프장운영자가 선택할 수 있는 마지막 방법이 경기과 위탁(도급)이다.

경기과 위탁은 캐디의 근로자성으로 인해 골프장운영자가 가질 수 있는 위험요소를 없애고, 그 책임을 아웃소싱 업체로 전가하는 방법으로 현실적인 고려 대상이 될 수밖에 없다. 그런데, 경기과 위탁은 아웃소싱 업체에는 독이 든 성배다. 캐디의 고용보험의무화가 시행되는 상황에 맞춰 많은 인력 아웃소싱 업체가 골프장운영자에게 제안을 하고 있는 상황이며, 이에 대한 준비가 활발하게 진행되고 있다.

그런데, 여기서 문제가 발생한다. 바로 경기과에 대한 이해가 부족하기 때문이다. 골프장에서 경기과의 주요한 역할에 대한 이해 부족이다. 경기과는 단순히 경기(라운드) 진행만을 위한 조직이 아니다. 경기과의 업무는 원활한 경기를 진행하기 위하여, 라운드 전 준비단계와 라운드 중 그리고 라운드 후 3단계에 대한 업무를 진행한다.

라운드 전 업무에는 경기 예약 상황 검토, 코스 내 안전 사고 관리 및 교육, 신입 캐디 수급 및 교육, 캐디 근태 관리, 캐디 관련 물품 관리, 기숙사 관리 등에 관한 업무가 있다.

라운드 중 업무에는 코스 내 이상 유무 확인 및 점검, 경기 운영 관리, 경기 진행 소요 시간 관리, 경기 진행 관리, 고객 스코어 및 포상 관리, 단체 팀 행사 운영 및 지원, 고객 서비스 지원 물품 체크 및 관리, 홀 별 이벤트 관리 등에 관한 업무가 있다. 라운드 후 업무는 고객 요구 및 건의사항 대처 및 관리, 로컬 룰

재정 및 개정, 캐디 서비스 및 의식교육, 캐디 복리후생 관리, 기숙사 관리, 카트 관리, 카트 관련 소모품 관리 등에 관한 업무가 있다.

이 중에서 가장 중요한 키워드가 바로 캐디다.

그 중에서 캐디 수급으로 예약팀에서 풀(Full)로 예약을 받을 수 있어도 가용 캐디 수에 따라 예약을 받을 수도 있고, 못 받을 수도 있다. 그래서 경기과에서 캐디를 관리하게 되며, 특히 신입 캐디 교육과 경력 캐디 수급 나아가 캐디 근태, 서비스 및 의식교육 등에 관한 업무가 중요하다. 경기과 팀장의 가장 큰 역할은 캐디 수급에 있다고 해도 지나친 이야기가 아니다.

그런데, 문제는 캐디의 수요 공급이 심각하게 불균형하다는데 있다. 캐디를 원하는 골프장은 많은데, 캐디가 부족한 현상이 심화되고 있으며, 캐디 교육이 생각보다 너무 어려워서 아무나 캐디가 될 수 없다는 현실이다. 경기과 경험이 없는 인력 아웃소싱 업체의 한계가 여기에 있다. 경기과 위탁은 골프장운영자에게 도급 비용으로 간단하게 해결할 수 있는 문제지만, 이에 따른 반대급부 즉, 도급에 따른 아웃소싱 업체의 권한과 책임이 명확하게 계약으로 나타난다.

아웃소싱 업체는 기존의 경기과가 진행해 왔던 업무를 책임하에 진행해야 한다. 즉, 신입 캐디 모집 및 교육, 하우스 캐디 수급, 하우스 캐디 운영, 예약 팀 수에 대한 가용 책임, 경기과 운영 책임, 경기 진행 책임 끝으로 캐디의 근로자성에 대한 책임을 져야 한다.

골프장운영자가 예약 받은 팀 수에 대한 가용 책임은 캐디의 인력 풀이 많아야 해결될 수 있는 문제고, 만약 캐디가 없어서 예약 취소를 해야 한다면, 이에 대한 책임을 골프장운영자에게 져야 한다. 책임을 지는 가장 간단한 방법은 예약 취소에 따른 골프장운영자의 잠재 수익에 대한 보상이다.

그래서, 경기과 위탁은 독이 든 성배라고 표현한 것이다.

경기과 위탁은 골프장운영자에게는 캐디의 근로자성에 대한 책임을 전가할 수 있으며, 안정적인 팀 운영에 대한 최고의 선택이라고 할 수 있지만, 아웃소싱 업체가 캐디 교육과 수급에 대한 핵심역량이 없고, 캐디의 근로자성에 대한 대안이 없다면 최악의 선택이 될 수 있으며, 책임에 따른 이행능력이 없는 아웃소싱 업체가 결정된다면 캐디에게도 최악의 시나리오가 전개될 것이다.

[그림 16-7] 골프장운영자가 캐디를 간접 위탁하는 경우(도급)

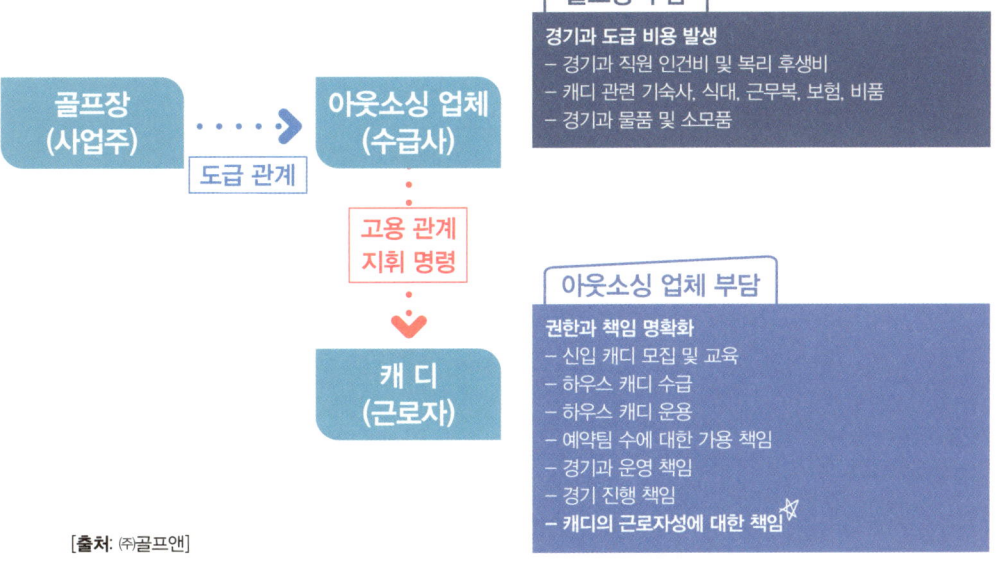

[출처: ㈜골프앤]

이상으로 캐디의 고용보험 의무화가 가져올 파장에 대해서 설명하였다.

캐디의 고용보험 의무화는 단순하게 캐디가 고용보험과 산재보험에 가입하고, 골프장운영자가 캐디의 고용보험과 산재보험 가입과 탈퇴를 신고하는 것으로 끝나는 문제가 아니라, 골프장운영자와 캐디의 관계가 명백하게 종속적인 관계인가 아닌가를 나타내는 순간이 되는 것이다.

골프장운영자가 캐디와 종속적인 관계를 유지할 것인가 아니면, 캐디가 프리랜서로 캐디 업무를 위임받고 독자적으로 업무를 처리하며, 골프장운영자의 지시와 감독을 받지 않는 자유계약자가 될 것인가는 어느 누구도 아닌 골프장운영자와 캐디가 선택해야 할 문제이다.

 캐디의 고용보험 의무화는 단순하게 캐디가 고용보험과 산재보험에 가입하고, 골프장운영자가 캐디의 고용보험과 산재보험 가입과 탈퇴를 신고하는 것으로 끝나는 문제가 아니라, 골프장운영자와 캐디의 관계가 명백하게 종속적인 관계인가 아닌가를 나타내는 순간이 되는 것이다.

SECTION 16 법률 개정에 따른 고용의 변화

SECTION 17
앞으로 캐디가 나아갈 방향은?

긴 여정 끝에 미래를 이야기하는 시점에서 안타까운 소식이 들려왔다.

2020년 9월 직장내 상사의 괴롭힘을 견디지 못하고 20대 꽃다운 나이에 캡틴을 저주하며 세상을 등진 사건이다.

자살한 사람의 직업은 캐디다.

2019년 7월 16일부터 시행된 직장 내 괴롭힘 금지 제도는 직장 내 괴롭힘의 개념을 법률로 명시 및 금지하고, 괴롭힘 발생 시 조치 의무 등을 규정함으로써 근로자의 인권과 노동권을 보호하려는 목적이 있다. 근로기준법 제76조의2와 3에 직장 내 괴롭힘에 대해서 구체적으로 명시하고 있다. 직장 내 괴롭힘이란 사용자 또는 근로자가 직장에서의 지위 또는 관계 등의 우위를 이용하여 업무상 적정범위를 넘어 다른 근로자에게 신체적 정신적 고통을 주거나 근무환경을 악화시키는 행위를 말한다. (제76조의2)

누구든지 직장 내 괴롭힘 발생사실을 사용자에게 신고할 수 있으며, (제76조의3 제1항) 직장 내 괴롭힘 발생사실을 신고 받거나 인지한 경우 사용자는 지체 없이 조사할 의무(제76조의3 제2항), 사용자는 괴롭힘 피해자 의견을 들어 근무장소 변경, 유급휴가 명령 등 적절한 조치(제76조의3 제3항 및 제4항), 직장 내 괴롭힘이 확인된 경우 사용자는 행위자에 대한 징계 등 적절한 조치 의무(제76조의 제5항), 직장 내 괴롭힘 발생사실을 신고하거나 피해를 주장한다는 이유로 피해근로자에 대한 해고 등 불이익한 처우 금지(제76조의3 제6항) 처우 금지 조항을 위반한 경우 3년 이하의 징역 또는 3천만원 이하의 벌금 처함, 직장 내 괴롭힘의 예방 및 발생 시 조치에 관한 사항 등을 정하여 취업규칙에 필수적으로 기재(제93조 제11호)하여야 한다.

법에 따라 근로자는 직장 내 괴롭힘에 대하여 법적으로 보호받고 있고, 이러한 직장 내 괴롭힘이 인정되면 산재로 인정받을 수 있으며, 민사소송을 통해서 회사로부터 보상을 받을 수 있다. 2021년 2월 21일 고용노동부는 위에 언급했던 캐디가 자살한 사건에 대해서 상사(캡틴, 골프장 정직원으로 캐디에서 정직원이 되었음)로부터 직장 내 괴롭힘을 받았다는 결론을 내렸다.

이에 노동청은 해당 골프장에 진상조사 및 그에 따른 조치, 직장 내 괴롭힘 실태 조사를 권고했으며, 재발 방지와 피해자 보호를 위해 직장 내 괴롭힘 예방체계를 구축하고 취업규칙도 개정해 새로 신고하도록 시정 지시했다.

노동청의 이러한 판단은 골프장 캐디의 직장 내 괴롭힘을 인정한 첫 사례다.

딱 거기까지다. 고인이 된 캐디는 근로기준법에 보호를 받는 근로자가 아니기 때문에 법적으로 해 줄 수 있는 것이 없으며, 고인이 골프장 측에서 캐디로부터 일방적으로 받았던 '산재적용제외 신청서'를 제출했기 때문에 산재보험 적용도 받을 수 없다.

지난 2017년 국가인권회에서는 캐디를 포함한 특수형태근로종사자의 노동 3권 보장을 위한 별도의 법률을 제정하거나 '노동조합 및 노동관계조정법'상 근로자에 특수형태근로종사자가 포함되도록 관련 조항을 개정할 것을 고용노동부 장관에게 권고하였다. 캐디 자살에 분노하고 있는 사람은 고인의 언니와 소수의 캐디일 뿐이며, 가해자 캡틴은 여전히 현업에 종사하고 있다. 이미 알고 있는 사실이지만, 노동부의 이번 결정을 보고 다시 한번 느끼게 된다.

캐디에게는 법의 테두리에서 마땅히 보호받아야만 하는 인권과 노동권이 없다.

지난 8개월간 캐디에 관한 것들을 연재하면서 많은 고민들을 하게 되었다. 캐디의 역사와 전문성, 캐디의 존재 이유, 골프장과 캐디의 관계, 골프장 이용객과 캐디의 관계, 고용보험이 캐디에게 미치는 영향, 캐디의 역할, 캐디의 종류, 캐디를 바라보는 시각 등등 캐디에 관해서 현존하는 문제에 대한 고민들이었다.

이 과정을 통해서 캐디에 대한 현실과 이를 극복하고 싶은 욕구가 자라났다.

어떻게 하면 골프업계에 종사하는 모든 사람들이 행복할 수 있을 것인가에 대한 생각들을 하게 되었고, 골프장은 양질의 서비스를 통한 명문 골프장으로 발돋움할 수 있으며, 골프장이용객은 선택의 자유와 행복한 서비스를 받을 수 있고, 골프장 캐디는 전문가로서 대우받을 수 있을까 하는 문제였다.

캐디는 오랜 역사를 가진 전문가 집단이다.

캐디라는 직업은 하루아침에 만들어진 것이 아니라 500년을 거치면서 끊임없이 진화하여 현 시대에 맞게 변해왔던 직업으로써, 현재는 골퍼를 도와주는 헬퍼(Helper)라는 입장이 강하지만, 향후에는 헬퍼에서 어드바이저(Adviser)로 거듭나야 하는 직업이다. 캐디가 나아갈 방향을 찾기 위한 첫번째 작업이 캐디의 역사에 대한 연구에서부터 출발했다.

모든 사람은 그 사람만의 역사를 가지고 있듯이, 직업에도 그 직업에 대한 역사가 있다. 캐디 또한 마찬가지다. 캐디의 역사를 보고 싶었던 이유는 그 역사와 함께 캐디가 어떤 과정을 거쳐 현재의 직업에 왔는 지에 관한 기나긴 여정을 찾아가고 싶었고, 캐디가 현재 어떤 모습을 하고 있으며, 앞으로 어떻게 나아가야할 지를 보다 정확하게 알고 싶었기 때문이다. 캐디의 변천과정과 현재의 역할과의 관계를 간단하게 설명하면, 다음과 같다.

캐디가 탄생할 때 초창기 캐디는 보디가드의 역할을 하였는데, 그 행태가 지금의 고객을 보호하고 리드해야 할 역할로 변하였고, 클럽 심부름을 하던 포터(Porter)로서의 역할이 클럽의 트랜스퍼(Transfer)와 핸들링(Transfer and handling)이라는 캐디가 해야 할 기본적인 업무가 되었으며, 포어 캐디(Fore-caddie)로서의 역할이 고객의 볼을 찾고, 거리를 불러줘서 고객이 더 편안하게 그리고 효율적인 경기시간을 유지할 수 있도록 만들고 있으며, 프로골퍼가 되려면 캐디를 해야만 했던 시기의 유전자가 고객에게 골프를 더 잘 칠 수 있도록 어드바이스(Advice)해 주는 역할로 변하였다.

캐디 역사에서 카트 도입은 캐디 존재 자체에 대해 막대한 영향을 끼쳤다.

미국 골프장에서 카트 도입으로 인하여 클럽 캐디가 점차 감소하게 되면서 전문가 캐디인 프로 캐디가 등장하는 계기가 되었고, 미국과 달리 한국에서는 카트의 등장으로 인해 더 많은 캐디가 필요함과 동시에 캐디의 업무가 전문화되고 더 증가하게 되는 계기가 되었다.

한국 캐디 역사의 가장 중요한 분기점은 1989년 유성CC 노조 설립과 2000년대 카트 도입이다. 1989년 유성CC 노조 설립과 해산 과정을 거치면서, 캐디는 골프장에 의해서 강제로 프리랜서 사장님이 되었고, 그 사건 이후로 아직까지도 그 신분이 모호한 노동조합법상 근로자로 인정은 되지만, 정작 중요한 근로기준법상 근로자로 인정받지 못하고 특수형태근로종사자(노무제공자)가 되었다.

1989년 이후 모든 골프장 캐디는 고객으로부터 직접 캐디피라는 명목으로 돈을 받고 있으며, 고객으로부터 돈을 직접 받는다는 사실로 인해서 근로기준법상 근로자로 인정받지 못하고, 대신 골프장 시설을 무보수로 유지하고 보수해주는 역할을 하고 있다. 골프장이 카트를 본격적으로 도입하면서 1캐디 2백 시스템이 사라지게 되었으며, 1캐디 4백이 일반화되었다.

부연설명하자면, 카트가 도입되기 전에는 트롤리(Trolley)라고 하여 바퀴가 달려있는 손수레에 골프백 2개를 싣고서 고객에게 포터(Porter)의 역할을 하던 캐디가 카트에 고객의 골프백 4개를 싣고서 고객에게 도움과 어드바이스를 동시에 줘야 하는 전문가로 대대적인 전환을 하게 되었다.

캐디 일과에 대해서 구체적으로 알아보자.

보통 캐디는 경기과에서 정해준 순번에 의해서 근무를 하게 되는데, 평균 20줄을 가정해서 순번을 짠다면 1부의 티오프 시간은 6시 10분~8시 30분, 배치를 하지 않는 블랭크(Blank) 시간을 3시간 가진 후 2부가 시간되는데, 2부는 11시 30분~ 13시 50분이다. 참고로, 퍼블릭 골프장의 경우 티오프 간격은 7분이다.[90]

1부 마지막 5줄은 1라운드만 하게 되는데, 티오프 타임은 8시에서 8시 30분에 배치되며 이를 쌈이라고 부른다.[91] 만약 티오프(Tee off) 시간이 오전 8시라면, 그 날은 1라운드만 하게 되며 일과는 다음과 같다.

07:00 티오프 1시간 전에 출근해야 한다.
07:20 보통 10분 정도 백 대기[92]를 한다.
07:30 경기과에서 배치표를 받는다.

당일 같이 라운드를 할 고객 4명의 명단과 티오프 시간이 적힌 배치표를 받고 백 대기장에 가서 자신의 고객 4명의 골프백을 찾아서 자신의 카트에 싣고 스타트 광장으로 나간다.

07:40 스타트 광장에서 대기한다.

출발하기 전에 광장에서 고객의 클럽을 분류하고, 고객과 대화를 통해 클럽 매칭(Matching)을 하고, 고객이 주로 쓰는 클럽과 어프로치에 사용하는 클럽을 파악한다.

07:50 고객을 모두 태운 후 자신이 출발할 코스로 출발한다.

08:00 티오프. 이제 본격적인 라운드가 시작된다.

10:00 전반 라운드가 끝이 난다.[93]

10:10 후반 라운드를 시작한다.[94]

12:20 라운드 종료

12:40 고객의 차량에 골프백을 상차한다.

라운드를 마친 후 고객의 클럽을 정리하고 분실 클럽이 있는지를 체크한 후 고객의 확인을 받은 다음 고객 차량에 골프백을 상차한다.

13:00 카트를 청소한다.

카트에 있는 쓰레기를 분리 수거한 후 카트 물 청소를 하고 주차한다.

13:10 업무 보고 및 마무리한다.

경기과에 가서 태블릿과 리모컨 반납 후 카트 일지 등을 기입하고 특이한 사항에 대한 업무 보고를 하고 마무리한다.

13:20 퇴근

이상의 일과 이외에 배토와 당번을 한다.

배토는 한 달에 약 10회 이상하며, 1회 소요시간은 30분 정도다.

당번은 8시간 정도 경기과에서 근무를 하면서 경기과 일을 보조하거나 청소를 한다. 당번은 1일 1명이 하는 경우 두 달에 1번 정도 순번이 돌아오며, 1일 2명이 하는 경우에는 월 1회 정도 하게 된다. 경기 진행이 늦거나, 지각, 조퇴, 무단 결근, 고객의 컴플레인 등이 접수되면 횟수에 따라 벌칙을 수행해야 하며, 심하면 퇴사조치까지 당한다.[95]

만약 티오프 타임이 8시 이전이라면, 2라운드를 나가게 되는데 이는 골프장의 캐디가 몇 명인지에 따라 달라지게 된다. 캐디가 부족한 골프장의 경우 1라운드를 돌고 들어와서 밥 먹을 시간도 없으며, 심할 경우 화장실 갔다 올 시간도 없다는 말을 하며, 주5일은 생각할 수도 없는 상황이 된다. 캐디가 파업을 하는 경우에는 주로 근무로 인한 것으로, 캐디가 부족함으로 인해 휴일이 부족하고 매일 2라운드 근무를 해야 하기 때문에 발생한다.

[표 17-1] 시간대 별 캐디 업무(8시 티오프인 경우)

시 간	업 무	내 용
07:00	출근	티오프 1시간 내 출근
07:20	백 대기	배치표 수령하기 전 10분간 백 대기
07:30	배치표 수령	경기과에서 고객 명단 수령 후 고객의 골프백 카트에 상차
07:40	광장 대기	광장 대기하면서 고객 클럽 분류 및 주요 사용 클럽 파악
07:50	광장 출발	본격적인 캐디 업무의 시작
08:00	티오프(Tee-off)	
10:00	전반라운드 종료	권장 경기 진행 시간 전반 약 1시간 50분
10:10	후반라운드 시작	보통 10분간 광장대기 후 후반라운드 시작
12:20	후반라운드 종료	전반보다 후반이 조금 더 밀리는 경우가 많음
12:40	골프백 상차	클럽 이상유무에 대해 고객의 확인을 거쳐 골프백 상차
13:00	카트 청소	쓰레기 분리수거 및 카트 물청소
13:10	물품 반납	리모컨, 테블릿 경기과에 반납
13:20	퇴근	
약 30분	배 토	월 10회 이상 업무 후
약 8시간	당 번	1일 1명하는 골프장은 약 2개월 1회, 1일 2명은 약 1개월 1회
	벌 칙	조퇴, 경기 진행, 결근, 컴플레인 등(경기과 규정에 따라 다름)

이상은 캐디가 하루 1라운드 근무를 가정해서 일과를 만들어 본 것이다. 근무 순번이나 간격은 골프장마다 다르며, 근무 순번은 캐디의 수와 밀접한 관계를 가지고 있기 때문에 캐디가 부족한 골프장 특히 3부를 운영하는 골프장의 경우 캐디들이 기피하는 경향을 보이고 있다.

위 시간대별 캐디의 일과를 보자면, 출근부터 퇴근까지 약 6시간 20분 정도가 소요되며, 만약 하루 2라운드 근무를 하게 된다면, 약 11시간 이상의 시간이 소요된다. 노동 근무가 강하기 때문에 매일 2라운드를 근무하는 캐디를 전투조라고 이야기한다.

캐디의 불만은 여기서부터 시작된다.

골프장은 수익을 위해서 팀을 받고, 캐디가 적기 때문에 자신이 원하지 않아도 매일 2라운드로 투입되어야 한다. 순번제를 거부하면 퇴사 사유로 이어진다. 주5일을 꿈꾸는 것은 사치일지도 모른다. 그렇다면, 캐디가 근로자로 인정받아서 근로기준법에 따라 주5일 40시간 초과 12시간 총 52시간 규정을 지킨다면 어떤 결과로 이어질까?

위에서 봤듯이 2라운드가 힘들어진다. 2라운드에 소요되는 시간이 약 11시간 이상이 되기 때문에 기본 8시간에 3시간 이상 초과하게 되며, 1주에 12시간을 초과할 수 있기 때문에 3일 정도 2라운드를 할 수 있을 것이다.

근로기준법에 따라 근무를 하게 된다면, 산술적으로 일주일에 최대 8회 1개월에 최대 37회를 근무할 수 있다. 현재 캐디피 13만원을 기준으로 본다면, 캐디 1인당 월 481만원을 벌 수 있다. 그런데, 여기서 고려해야 할 것이 있다. 골프장의 생각이다. 골프장은 캐디가 있으면 좋지만, 없으면 노캐디로 운영할 수 있다고 믿기 때문에 캐디가 근로자가 된다면, 캐디피 13만원에서 각종 수당과 퇴직금, 겨울 약 1개월간 휴무기간과 3개월 단부제 기간, 4대 보험료를 고려해서 월급을 책정하게 될 것이다. 이상의 가정을 고려하면 캐디 1인이 캐디피를 통해서 벌어들일 수익은 약 5천만원 정도다.[97]

퇴직금과 4대 보험료 50% 회사 부담분 등을 감안하면, 캐디피에서 회사가 약 20%을 이상 빼게 된다면 캐디피는 13만원이 아닌 10만원 정도로 계산을 해야 한다. 이렇게 다시 계산하면 연간 3,930만원, 월간 3,275,000원의 소득이 발생된다. 이러한 단순 계산은 예약 팀 수와 비나 눈과 같은 기상악화로 인한 라운드 불가 등을 감안하지 않았기 때문에 실제 소득은 이보다 훨씬 적을 것이다. 또한 4대 보험료와 근로소득세 등을 원천 공제하면 월 실수령금액은 2,827,020원이다.[98] 이렇게 캐디가 근로자로서 안정적인 근로환경을 갖기 위해서는 캐디가 많아야 가능하다.

전문가로서 캐디는 어떤 모습일까?

국어사전에 의하면, 전문가(Expert, Specialist, Professional)란 어떤 분야를 연구하거나 그 일에 종사하여 그 분야에 상당한 지식과 경험을 가진 사람을 말한다. 즉, 캐디가 전문가라는 소리를 들으려면, 골프와 캐디 업무에 전문적인 지식과 그에 따른 능력이 있어야 하며, 이 전문성을 기반으로 하여 코스 내에서 어떠한 상황에서도 빠르고 정확한 판단을 내려서 고객에게 도움을 주어야 한다.

즉, 캐디의 판단에 대한 고객의 신뢰가 있어야 전문가가 될 수 있다.

캐디가 전문가로서 거듭나기 위해서는 최소 다음의 세 가지가 이루어져야 하며, 이 세 가지가 향후 캐디가 나아가야 할 방향이라고 생각한다.

첫째, 전문가로서의 자격

법원에서 판례에 따르면, 캐디가 하는 일은 경기보조업무, 경기 진행 업무, 골프장 시설 유지 및 보수 업무 세 가지로 정의하였다. 일면 이 정의가 맞는 면도 분명하게 있지만, 그럼에도 불구하고 캐디가 하는 일에 대한 정의가 구체적이지 않고 모호하다. 업무가 보다 구체적으로 정의되어야 하는 이유는 골프장의 독립된 세 개의 주체인 골프장운영자, 골프장이용객, 캐디의 효율적인 커뮤니케이션이 이루어지기 위해서이다.

지금까지 골프장이용객은 캐디와 구체적인 업무에 대한 정의(계약)가 없는 상태에서 골프장운영자가 정한 캐디피를 지불해야 했으며, 캐디는 골프장운영자가 지정한 고객을 만나 경기보조업무와 경기 진행업무를 해야 했으며, 골프장운영자는 캐디에게 근무 시간 및 근무 형태를 지시하고 관리하였다.

이런 흐름 속에서 캐디의 업무는 경기보조업무라는 관리되지 않고 규정되지 않는 업무를 하고 있었으며, 이에 따른 구체적인 업무 영역이 존재하지 않기 때문에 골프장이용객도 캐디에 대한 불만을 구체적으로 하기보다는 가장 애매한 용어인 기본과 서비스를 가지고 판단하고 컴플레인하였다.

캐디가 골프장이용객을 위하여 구체적으로 어떤 업무를 하는지에 대해 정해져야 그 업무에 따른 잘 하고 못하는 정도를 구분할 수 있고 이에 따른 구체적인 평가를 할 수 있게 된다. 즉, 지금처럼 캐디를 도제형식으로 배우는 것이 아니라, 누구나가 인정할 수 있도록 캐디라는 직업을 체계적으로 연구하여 학문화시켜야 한다.

그렇게 하기 위해서 캐디 업무를 구체화시켜야 한다. 캐디 업무를 구체화시켜서 모든 사람들이 읽을 수 있도록 서적으로 출판하고, 출판물에 따라 캐디를 가르칠 사람을 양성하고, 자격 있는 사람들을 만들어서 이들이 캐디를 가르쳐야 한다.

'눈치만 있으면 누구나 캐디를 할 수 있다.'라는 이야기를 한다.

눈치가 없어도 체계적으로 배울 수 있는 시스템이 되어야 하며, 체계적으로 배우기 위해서는 캐디에 관한 다양한 서적들이 나와야 한다. 캐디에 관한 다양한 출판물이 있어야 공부를 할 수 있으며, 출판물이 있어야 객관성을 담보할 수 있다. 출판물이 다양화되고 구체화되면, 자연스럽게 캐디를 공부하는 사람들이 늘어나게 되며, 이를 통해서 변별력을 높여줄 수 있는 각종 시험문제들이 나올 수 있다.

이론 시험과 실습 기간을 고려해서 자연스럽게 자격증을 만들어낼 수 있다. 자격증은 민간 자격증과 국가 자격증으로 나눌 수 있는데, 캐디는 민간 자격증부터 시작해서 규모나 체계가 확실하게 안착이 되면, 국가 자격증으로까지 확대시킬 수 있을 것이며, 더 나아가 대학교에서 캐디를 학문으로 연구 발전시킬 수 있을 것이다. 이렇게 되기 위해서는 캐디에 관한 다양한 연구가 있어야 한다.

[그림 17-1] 미래의 캐디 자격증

둘째, 고객으로부터의 신뢰성

캐디는 고객없이 존재할 수 없다. 캐디가 전문가가 되기 위해서는 반드시 고객이 캐디에게 신뢰를 보내 주어야 하며, 캐디가 내린 판단을 고객이 믿을 수 있도록 전문성을 확보하고 있어야 한다. 현재 캐디는 누구나 똑같은 캐디피를 받고 있다. 어제 번호를 받은 캐디나 30년을 한결같이 캐디를 한 사람이나 누구나 차별없이 똑같은 금액을 받고 있다. 고객도 어떤 캐디를 만나든 똑같은 금액의 캐디피를 주어야 한다.

이러한 제도는 불합리할 수밖에 없는 구조라고 생각되며, 잘 하는 캐디는 더 높은 금액을 받아야 하는 것이 당연하며 자격이 없는 캐디는 적은 금액을 받아야 한다. 캐디의 스킬에 따른 등급이 있다면, 캐디피를 차등적으로 받을 수 있으며, 골프장 이용객도 자신의 골프 수준에 따라 스킬이 다른 캐디를 선택할 수 있게 된다.

캐디와 골프장이용객 간의 객관적 기준 하에 선택의 자유가 생기며, 이를 뒷받침하기 위해서 위에서 언급한 역할의 정확성과 능력을 판단하는 기준이 정확해짐으로 인해서 캐디의 필요성이 확실하게 자리매김할 수 있다.

캐디가 고객으로 신뢰를 받지 못한다면 향후 캐디의 존재 자체도 불확실해진다. 캐디가 고객으로부터 받을 수 있는 최대한의 신뢰는 라운드가 끝난 후 고객이 캐디에게 다음도 라운드를 같이 하고 싶다는 의사 표현이다.

전문가 캐디는 코스에서 자신의 능력을 고객에게 보여줘야 하며, 고객이 말하기 전에 먼저 능동적으로 고객에게 조언하고, 고객의 라운드를 즐겁게 만들어야 하며, 최종적으로 고객의 스코어가 더 올라갈 수 있도록 전문가적 관점에서 어드바이스를 해야 한다.

셋째, 스스로의 자신감

캐디는 전문가로서 경제적 시간적으로 철저한 자기관리가 필요하다.

겨울철이 되면 시간적으로 여유가 생기는 직업이지만, 3월부터 성수기에 접어들면 근무 자체가 많아지기 때문에 자기 관리에 실패하면 캐디 일을 하기가 쉽지 않다. 또한 4시간 이상을 4인의 고객의 감정 변화를 읽고 순간 대처를 해야 하며, 필드에서 고객이 빛날 수 있도록 팀의 리더 역할을 해야 한다.

필드에서 안전하게 플레이를 하기 위해서 고객은 반드시 캐디의 지시사항을 경청해야 하며, 캐디의 지시없이 마음대로 플레이를 하게 되면, 이는 바로 사고로 이어지게 되며 이에 대한 피해는 고객과 캐디의 몫이 된다.

필드에서 캐디의 중요성이 높음에도 불구하고, 캐디 스스로는 자존감이 부족하다. 2017년 국가인권위원회 조사 자료에 따르면 캐디는 근로자에 비해 종속성이 더 높게 나왔는데, 이 중에서 사용 종속성과 경제 종속성은 근로자보다 월등하게 높게 나온 반면, 조직 종속성에서는 근로자보다 훨씬 낮게 조사되었다.

조직 종속성의 문항은 캐디 업무가 골프장 운영에 있어서 반드시 필요한 업무인지, 캐디가 업무를 하지 않으면 골프장이 큰 어려움을 겪게 되는지, 캐디 업무가 골프장의 일상적인 업무에 속하는지에 대한 질문이었고, 이 질문에 대하여 캐디들의 답변은 골프장에서 자존감 자체가 적다는 결론이 나온 것이다.

즉, 캐디 업무는 골프장에서 반드시 필요한 업무가 아니라고 보고 있으며, 캐디가 없어도 골프장은 큰 어려움 없이 운영될 것이고, 캐디가 없어도 된다고 생각하고 있는 것이다.

캐디가 없어도 골프장 운영에 문제가 없을까?

캐디들에게 질문을 해 본다.
"앞으로 하우스 캐디가 없어질까요? 앞으로 투어 캐디(프로 캐디)가 없어질까요?" 기술이 발전하면 하우스 캐디가 없어질 수 있다고 생각하는 캐디들이 많았다. 그러나 투어 프로와 같이 움직이는 투어 캐디(프로 캐디)는 없어지지 않을 것이라고 답하는 캐디들이 많았다. 골프장에서 캐디가 자존감이 부족하다는 것을 느낄 때가 있다. 바로 뒷담화로 자신이 경험한 진상손님에 관한 이야기를 스스럼없이 하고 있는 모습을 보고 있으면, 이러한 마음가짐을 바꿔주고 싶다는 생각이 든다.

캐디와 고객은 공생관계를 넘어서 상호 보완적인 관계로 발전해야 한다. 그렇기 위해서는 상호 존중하는 마음가짐이 기본적으로 내재되어 있어야 한다. 캐디가 스스로에게 자존감을 가지려면, 먼저 상대방을 존중하고 배려하려는 마음가짐을 가져야만 한다. 골프장에 고객이 오지 않는다면, 골프장에 온 고객이 캐디의 필요성에 대해서 의구심을 가지게 된다면, 기술의 발전이 캐디를 대신할 수 있다면, 캐디가 스스로 노력하지 않는다면, 캐디에 대해서 끊임없이 연구하지 않는다면, 캐디에게는 미래가 없다.

거꾸로 위 가정을 반대로 한다면, 캐디에게는 밝은 미래만이 있을 것이다.

미주

75-79

75) 2021년 2월 15일 고용노동부 고용보험위원회 의결 "특수형태근로종사자 고용보험 세부적용방안"에서 캐디의 고용보험 적용시기를 캐디의 소득파악 체계 구축 상황 등을 고려하여 2022년 이후로 추후 검토할 것으로 의결하였고, 이 의결에 대하여 2월 중 입법예고하여 국민의 의견을 들을 예정임

76) 인적용역(Personal Service)이란 독립된 자격으로 자기가 가지고 있는 학식·기술·정보 등을 제공하는 것을 말하며, 대부분의 인적용역은 부가가치세가 면제되지만, 변호사·공인회계사·관세사 등이 제공하는 인적용역에 대하여는 부가가치세가 과세된다. (출처: (주)조세통람, 2019. 10. 10., (주)조세통람)

77) 참고문헌: 1. 골프장 캐디 문제에 대한 대안 모색, 박준성(성신여대 경영학과 교수), 2002, 중앙노동위원회. 2. 골프장캐디의 노동법상의 지위, 김형배(고려대학교 법학전문대학원 명예교수), 2014.10., 노동포럼제13호. 3. 골프장 캐디의 근로자성, 임상민(부산지방법원 민사단독 판사), 2012.12., 인권과정의 Vol.430

78) 특수형태근로종사자의 노동기본권 보호를 위한 권고 및 의견표명, 2017.04.06, 국가인권위원회 상임위원회 결정

79) 1919년에 창설된 ILO(International Labour Organization; 국제노동기구)은 노동문제를 다루는 유엔의 전문기구로써 스위스 제네바에 본부를 두고 있다. ILO는 자유롭고 평등하고 안전하게 인간의 존엄성을 유지할 수 있는 노동을 보장하는 것을 목표로 노동기본권, 사회장보장, 사회협력과 같은 분과를 운영하고 있다.

80-86

80) 참고문헌 1. 골프장 캐디 문제에 대한 대안 모색, 박준성(성신여대 경영학과 교수), 2002, 중앙노동위원회 참고문헌 2. 골프장캐디의 노동법상의 지위, 김형배(고려대학교 법학전문대학원 명예교수), 2014.10., 노동포럼 제13호 참고문헌 3. 골프장 캐디의 근로자성, 임상민(부산지방법원 민사단독 판사), 2012.12., 인권과정의 Vol. 430 참고문헌 4. '노동조합 및 노동관계조정법'의 '근로자'와 '사용자', 윤애림(한국방송통신대학교 사회법 강의교수), 2014.11., 민주법학 제56호 참고문헌 5. 캐디는 근로자이지만 근로자가 아니다. 박제성(한국노동연구원 부연구위원), 2014. 04, 노동리뷰 제109호 참고문헌 6. 골프장 캐디의 근로기준법상 근로자성과 부당해고의 인정, 박수근(한양대학교 법학전문대학원 교수), 2014. 01, 노동리뷰 제106호 참고문헌 7. 골프장 경기보조원(캐디)의 근로자성, 조현주(변호사), 2014, 노동판례비평, 민주사회를 위한 변호사모임

81) 홀 멘트는 고객이 플레이할 코스의 거리, 파 정보, 좌우측 정보에 대한 정보와 공략지점에 대한 어드바이스(Advice)로 나누어진다. 예를 들어, "340미터 파4홀입니다. 좌측 오비 우측 페널티 지역입니다. 전방에 보이시는 벙커 우측 보시고 치시는 것이 좋습니다."라고 말한다.

82) 캐디가 해야 하는 역할 중에 한 가지가 그린 서브(Green Serve)다. 그린 서브는 고객의 볼을 닦아주는 것과 고객의 볼이 어떻게 홀 컵에 들어갈지를 예상해서 고객에게 어드바이스 해 주는 것이다. 예를 들어 "고객님 홀 컵 좌측으로 한 클럽 봤습니다."라고 말한다.

83) 대법원 2014. 3. 27. 선고 2013다79443 참조

84) 일부 골프장에서는 캐디 스스로 조장을 뽑아 조장에 의한 순번제가 이루어지고 있기도 함

85) 오버피는 골프장이용객이 버디를 기록할 때 주는 버디피, 홀인원을 기록하고 주는 홀인원피를 포함하여 골프장운영자가 정한 캐디피를 초과해서 골프장이용객이 캐디에게 주는 돈을 말함

86) 아웃소싱(Outsourcing, Outside Resourcing)은 기업이나 조직에서 제품의 생산, 유통, 용역 등, 업무의 일부분을 외부의 전문기관에 위탁하는 것을 말한다. 원래는 미국 기업이 제조업 분양에서 활용하기 시작했으며 경리, 인사, 신제품 개발, 영업 등 모든 분야로 확대되고 있다. 기업은 핵심사업에만 집중하고 나머지 부수적인 부문은 외주에 의존함으로써 생산성 향상을 극대화할 수 있다. 출처: 위키페디아(Wikipedia.org)

87) 참고논문: 파견대상업무 현행화에 대한 연구, 2017. 12., (사)한국노동경제학회, 고용노동부

88) 골프장 캐디는 통계청 통계분류 분류코드 43292 다. 골프장에서 골프치는 사람들을 위해 골프 백이나 골프기구를 정리하고, 거리에 따라 알맞은 골프기구를 선정해 주고, 골프 코스나 골프장의 지형지물에 대해 조언하고 즐거운 골프가 될 수 있도록 골프어게에 서비스를 제공하는 자를 말한다. 골프장경기보조원, 골프장 캐디, 골프진행도우미, 경기보조원(캐디), 캐디라고 한다. 출처: 통계청(www.kostat.go.kr)

89) 포지티브 시스템(Positive System)은 수출입공고 방법으로, 가능품목을 공고하고 공고에 포함되지 않은 품목은 원칙적으로 수출입을 제한하는 제도다. 수출입 허용품목 표시제라고 하며, 네거티브 시스템(Negative System)의 반대되는 제도다. 네거티브 시스템은 쉽게 설명하면 블랙리스트(Blacklist)와 유사한 것으로, 금지된 물품을 제외하고 모든 물품의 수출입이 자유롭다는 의미다.

90) 1부 시작 시간은 대략 해가 떠오르는 시간이며, 골프장마다 시작 시간이 다를 수 있으며, 티오프 간격도 7분이 많지만, 6분과 8분의 티오프 간격도 있다. 위 시간은 고객 기준으로 접근성을 따라 바뀔 수 있으며, 일출과 일몰 시간도 고려해야 하며, 계절에 따라 바뀌며, 라이트 시설 유무에 따라 다를 수 있다. 또한 숙박시설이 있는 경우에도 바뀔 수 있다.

91) 쌈은 캐디들이 사용하는 용어로 하루 1라운드만 하는 것을 말한다. 캐디가 하루 1라운드만 하는 경우 시간적 여유가 많기 때문에 생겨난 용어로 1라운드가 오전에 끝나는 경우에는 초쌈이라고 부르며, 하루 1라운드만 하지만 마지막에 배치되어 늦게 끝나는 경우를 꼴이라고 한다.

92) 백 대기는 골프장에 고객이 도착하면 현관에서 골프백을 내리고, 내린 골프백을 다시 카트 고로 보내는데, 이 때 캐디들은 고객의 골프백이 카트 고로 내려오면 이를 성(Family name) 별로 분류해 놓는다. 이를 백 대기라고 한다.

93) 보통 전반 라운드를 1시간 45분~50분 정도에 끝나야 하며, 전반 라운드를 마치면 캐디는 후반 라운드에 나갈 코스에 대기 숫자를 파악해야 한다. 대기가 1명 있을 때 7분 정도 대기 시간이 있으며, 대기가 없으면 화장실만 갔다가 바로 후반 라운드를 시작하게 되는데, 보통 단부제로 운영되는 겨울철에는 대기가 3팀 이상 있으며, 안개가 낀 날에는 대기 팀 숫자가 훨씬 더 증가한다.

94) 보통 각 부당 20줄(18홀 골프장의 경우 2개 코스가 있으므로 40팀, 27홀 골프장의 경우 3개 코스가 있으므로 60팀을 받게 된다.)의 고객을 받으며, 티오프 간격이 7분이므로 20팀이 전부 들어가서 라운드를 시작하는 시간은 140분이 된다. 즉 준비된 고객이 전반 라운드에 투입되는 시간이 140분이라는 것으로 이 팀들이 전부 나가야 전반을 끝낸 첫번째 팀이 후반 첫 팀으로 라운드를 시작하게 된다.

95) 캐디용어에서 벌칙으로 당번을 하는 경우를 벌당이라고 하며, 순서에 의해서 당번을 하는 경우를 순당이라고 말한다.

96) 전투조보다 업무강도가 강한 캐디반을 54반이라고 한다. 54반은 1라운드가 18홀로 구성되어 있어서 18홀을 3번 즉, 54홀 1부 2부 3부 근무를 하는 캐디들을 칭한다. 이들은 주로 골프장 경력이 많고 캐디 업무에 숙달된 베테랑 캐디들이 전담한다. 업무 강도가 무척 강한 반면 월 1천만원 이상의 수익이 발생한다.

97) 가정 1) 1라운드 캐디피 13만원, 2) 겨울 3개월 단부제 기간동안 월 20회 라운드 총 수익 780만원, 3) 성수기 9개월간 월 37회 4,329만원, 4) 총 예상수익 5,109만원. 위 가정은 기상악화 등으로 인한 근무를 못할 경우를 감안하지 않고 산술적으로만 계산한 것이다.

98) 월 신고소득금액이 3,275,000원이라면, 이에 따라 근로자가 부담할 연금보험료는 147,370원, 국민건강보험료 125,270원, 고용보험료 26,200원, 산재보험료 24,980원으로 보험료 합계는 323,820원이다. 근로소득세 112,880원, 지방소득세 11,280원 세금합계 124,160원으로 원천공제 금액은 4대 보험료와 세금 합계 총 447,980원으로 실수령금액은 2,827,020원이 된다. 자동 계산 출처: nodong.or.kr